오십의 기술

나이 들수록 재미, 가족, 관계, 행복, 품격, 지식이 높아지는

五十技術

오십의 기술

이호선 지음

카시오페아
Cassiopeia

오십,
잔치가 시작되었다

한국인들을 나이 순대로 줄을 세우면 가운데 있는 사람의 나이는 '만 41세'입니다. 그래서 마흔이 중년이라고 말하는 것입니다. 그런데 왜 '오십'인가 묻는다면, 이렇게 답하고 싶습니다. 마흔은 마흔의 고민이 분명 있겠으나, 여전히 건강한 몸과 강인한 근육이 보이고, 마음의 나이도 30대에 가있으며, 여전히 승진을 꿈꾸고 새로운 세상을 기대하는 패기등등한 나이, 초혼이 충분히 가능한 나이 아닌가! 반면 오십은 몸부터 변하는 나이, 어른이기에 마음을 놓을 수 없는 나이, 커버린 자식과 노쇠한 부모 사이에서 쉼없이 양육과 부양을 해야 하는 나이, 친구들의 퇴직이 시작된 나이, 이제는 자신의 노화를 바라보기 시작하는 나이, 심지어 자신에게마저 어른이 되는 나이라고요.

오십은 가장 익숙하고도 낯선 세계입니다. 마흔이 지나고 당연히 먹어야 하는 나이지만, 흔히 지천명知天命이라고 하니 정신이 아찔해집니다. 제2의 인생이 시작되는 오십이야말로 생애 갈림길에 선 나이입니다. 몸은 더욱더 예전 같지 않고, 어느새 훌쩍 커버린 아이들을 바라보는 나이이기도 합니다. 대부분 별 탈 없이 끝나는 인사고과, 건강검진, 자녀교육 등의 이벤트가 두렵고 삶과 죽음의 문턱을 넘는 경험처럼 느껴집니다. 타인의 오십은 보이는 것이고, 나의 오십은 사건입니다.

몸으로 겪는 50대는 생각보다 치열합니다. 여전히 젊지만 더 이상 매력적이지 않고, 산에 오르면 쉽게 호흡이 가빠지며, 크게 병을 앓는 건 아니지만 그렇다고 편치도 않습니다. 모이면 아픈 얘기를 하고 흩어지면 병원에 가며, 마음은 30대여도 외양은 누가 봐도 중년이고요. 오십이 넘으면 지혜로워질 줄 알았고, 더 현명하게 결정할 줄 알았고, 성숙미와 중후함이 철철 넘칠 줄 알았건만. 실제로 겪는 오십은 처절하기까지 합니다. 의욕이 넘치지만 시대를 따라가지 못하고, 경력은 화려해도 경력직 채용은 요원하며, 결혼은 했으나 관계는 소원하고, 자녀에게 헌신하지만 자녀들은 자신의 세계를 향해 떠나갑니다. 결국 내 삶의 의미를 물어보는 나이가 바로 오십입니다.

이제 어지간한 일에는 부끄러움도 이길 수 있고 주먹 쥐고 일어서는 용기도 낼 수 있는 나이 오십을 넘기고 있으니, 누구도 물어보지 않고 불러주지 않았던 내 이름을 찾고 존재의 숨을 불어넣기 딱 좋은 때를 맞았습니다. 누군가의 자식으로, 누군가의 배우자로, 누군가의 부모로 지난 50년간 부모와 배우자와 아이들을 환대했으니 이제 자신을 환대해보세요. 막춤을 추어도 내 춤을 출 수 있는 오십의 기쁨과 의미를 발견해보세요. 이제 나의 재미를 발견하고, 가족의 고백을 받아보고, 놓치고 있던 인간관계에 인공호흡도 해보세요. 멋진 삶에 성숙미를 더해보고, 오십 이후의 행복, 그 해석의 힘을 얻어보세요.

나이 오십에는 오십 이후를 위한 시계와 나침반, 그리고 지도가 필요합니다. 오십 이후의 일상과 계획을 위한 나만의 시간표와 계획표를 위한 시계가 필요하고, 나의 가치와 삶의 목표를 위한 나침반, 그리고 길을 잃은 순간에 다시금 길을 찾을 마음 지도와 관계 지도가 필요합니다. 이 책을 읽어가며 아직 가보지 않은 시간과 공간 속에서 계획과 방향을 찾게 될 것입니다. 다독이고 추앙해볼 나 자신의 힘과 의미를 발견하고, 성인이 된 가족과 새로운 즐거움을 익히게 될 것입니다. 달라지고 더 복잡해진 세상에 우아한 인간관계 비결을 알고, 멋진 어른의 면모를 갖추는 방법을 알아가며 숨이 쉬어지고 어깨가 펴질 것입니다. 바야흐로 나이 들어가며 발견하는 행복은 손 밖의 파랑새가 아니라 손안의 손금과 같은 것임을 보게 될 것입니다.

이 책에는 '기술'이 가득합니다. 나만의 재미를 발견하는 기술, 가족과 돈독해지는 기술, 관계가 편해지는 기술, 멋있어지는 기술, 행복해지는 기술까지! 품격 있는 오십을 위한 노하우가 빼곡히 적힌 이 책이 공감을 넘어 해법을 보여주며 앞으로 걸어갈 길의 길잡이가 되어줄 것입니다. 오십의 기술들이 나에게는 치유라는 이름으로, 가족에게는 기쁨이라는 이름으로, 다른 이들과는 소통이라는 이름으로, 내 인생에는 멋과 행복이라는 이름으로 서로에게 성숙과 의미의 돌림노래가 되길 바랍니다. 어른의 기쁨을 목청껏 노래하고 오십의 즐거움을 만끽하기 바랍니다. 오십은 늘 봄입니다.

이호선

차
례

프롤로그   오십, 잔치가 시작되었다   4

✦   나이 들수록
1장   인생이 재밌어지기 시작했다

주체적이고 활동적인 중년을 살고 싶은 사람들   15
중년에 가장 인기 많은 사람은 감탄하는 사람   26
노래를 크게 자주 불러야 하는 이유   32
뛰어난 유머 감각을 가지게 되는 4가지 기술   41
심심하고 지루한 일상을 바꾸는 치유적 낙서의 힘   51
인생이라는 연극에서 주인공이 되는 법   58

✦
2장   나이 들수록
      가족과 돈독해지기 시작했다

장성한 자녀와 당당하게 멀어져라   73
자녀들이 부모에게 원하는 3가지 말   81
포스트 코로나 시대, 자녀와 어떻게 소통할 것인가   88
사이 좋은 부부가 절대 하지 않는 것과 꼭 하는 것   101
경이로운 가족이 되는 방법   107
종만 다른 가족, 반려동물이 주는 기쁨   116

✦
3장   나이 들수록
      관계가 편해지기 시작했다

중년 이후 사회적 관계는 어떻게 달라질까   125
만나면 좋은 친구가 아닌 좋은 친구를 만나라   133
유튜브처럼 인간관계에도 알고리즘이 있다   141
새로운 친구를 사귀어야 할까 고민된다면   146
인간관계가 친목 도모로만 끝나지 않는 법   154
세대 차이를 극복하는 소통 잘하는 기술   159

4장 ✦ 나이 들수록
멋있어지기 시작했다

중년은 통찰력과 지능이 높아지는 최적의 시기 171
내 인생을 기록하고 몰입하라 178
삶을 돌아보고 노년을 바꾸는 성찰일기의 힘 185
중년이 가진 가장 최고의 무기, 그릿에 대하여 195
흑역사와 실수를 만드는 조급한 성격 버리기 206
걱정을 없애는 6단계 걱정 정리법 215
존경받는 사람은 답보다 질문을 잘한다 226
내면의 화를 다스리는 분노의 연금술 231

5장 ✦ 나이 들수록
행복해지기 시작했다

스트레스와 답답함이 극에 달할 때 쓰는 응급처방 243
행복하고 건강하게 장수하는 사람들의 공통점 250
뜬구름 같은 행복이 아닌 현실적으로 행복해지는 법 256
죽을 때까지 우아하고 싶다면, 적응 유연성을 키워라 264
행복하게 자신의 삶을 잘 지켜내는 법 272
공허하고 우울할수록 해야 하는 자기 돌봄 280
불행이 닥쳤을 때 반응하는 4가지 유형과 대처 방법 286

주 293

누구도 물어보지 않고 불러주지 않았던

내 이름을 찾고 존재의 숨을 불어넣기

딱 좋은 때를 맞았습니다.

1장

나이 들수록

인생이 재밌어지기 시작했다

주체적이고 활동적인 중년을
살고 싶은 사람들

"혹시 나이가 어떻게 되세요? How old are you?" 누군가 이렇게 물으면 '어떤 나이요?'라고 되묻길 바랍니다. 나이는 2가지로 분류할 수 있기 때문입니다. 가장 먼저, 주민등록상 나이가 있습니다. 생활연령이라고 하며, 달력의 역曆자를 써서 '역연령'이라고도 합니다. 두 번째로는 '마음의 나이'입니다. 정서의 나이 혹은 주관적 연령이라고 합니다. "당신의 마음의 나이는 몇 살인가요?" 이렇게 물었을 때 중년은 대개 역연령에서 20을 빼고 대답하는 경우가 많습니다. 역연령이 50세라면, 마음의 나이는 30세라고 답하는 거죠. 가끔은 "아이참, 마음은 10대야!"라고 답하는 사람도 간혹 있죠. '나이가 몇인데 10대라니, 치매인가' 우스갯소리로 여기지만 사실 굉장히 멋진 사람이에요. 사람은 나이로 살지 않고 마음으로 살기 때문입니다.

중요하니 다시 강조하겠습니다. 사람은 주민등록상의 나이로 살지 않습니다. 오히려 마음의 나이에 따라서 판단하고, 생각하고, 선택하고, 소비하고, 사람들을 만납니다. 아침에 일어나서 밤에 잠드는 순간까지 자신이 생각하는 주관적 연령에 따라 생각하고 활동합니다.

액티브 시니어가 온다

최근 새로운 세대로 '액티브 시니어active senior'가 등장했습니다. 이들은 예전 55세 이상을 지칭하는 실버 세대와 다르게 건강하고 적극적으로 노년의 삶을 구가하는 사람들을 말합니다. 우리말로는 '활동적 장년'으로, 활동적인 중년의 삶을 사는 사람이죠. 이들의 특징을 봤더니 주관적 연령(마음의 나이)이 굉장히 낮았습니다.[1] 저 또한 상담을 통해 마음의 나이와 액티브 시니어의 상관관계가 깊다는 것을 경험했습니다. 저는 내담자와 처음 만나면 대개 나이가 몇인지, 가족관계가 어떻게 되는지 등 기본적인 정보를 묻습니다. 그중에서 50대 이상인 사람들에게는 반드시 "마음의 나이는 몇 살인 것 같으세요?"라고 물어봅니다.

그러면 대게 나이가 50대인 사람은 30대라고 답하고, 60대인 사람은 40대 중반을 이야기합니다. 70대인 사람은 50대를 이야기하고요. 그때가 내가 지금까지 살아왔던 세월에서 하이라이트

이기도 하고, 아직 자신을 젊고 왕성하게 느끼고 있다는 의미이기도 하지요. 반면 원래 나이보다 더 많게 말하는 사람도 있습니다. 70대인 사람이 "마음의 나이는 80대인 것 같아"라고 이야기하는 거죠. 이때 흥미로운 점이 주관적 연령을 역연령보다 젊게 말하는 사람은 그렇지 않은 사람보다 문제 해결 능력이 몇 배 더 높았다는 점입니다. 스스로에 대한 관리 능력도 훨씬 더 높고요. 소비 패턴도 달라서 생존보다는 가치 있고, 의미 있는 것에 돈을 씁니다. 주관적 나이가 젊을수록 같은 70대라도 완전히 다른 문화 속에서 살게 되는 거지요.

이와 관련해 경제력과 주관적 연령에 따른 소비가치평가 조사가 있습니다.[2] 50대 이상인 사람을 대상으로 한 조사이며 이 조사를 통해 중년은 크게 4가지 부류로 나눠집니다.

첫 번째 부류는 실제보다 더 나이가 많다고 생각하며 부유한 '고소득 고령자' 그룹이 있고요. 두 번째는 나이가 많다고 생각하며 가난한 '저소득 고령자' 그룹, 세 번째는 스스로 젊다고 느끼지만 가난한 '저소득 연소자' 그룹, 네 번째는 내가 젊다고 느끼면서 부유한 '고소득 연소자' 그룹입니다. 흔히 나는 활발하게 살아간다고 이야기하는 액티브 시니어의 분포도를 보면 전체적으로 주관적 연령은 더 젊고, 경제력은 상위에 포진하고 있습니다.

고소득 연소자의 그룹은 다른 3개의 그룹과 비교했을 때 언어

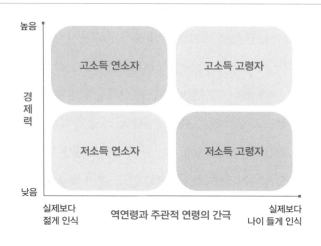

높음

경
제
력

낮음

| | 고소득 연소자 | 고소득 고령자 |
| 저소득 연소자 | 저소득 고령자 |

실제보다
젊게 인식

역연령과 주관적 연령의 간극

실제보다
나이 들게 인식

경제력과 인지 나이로 구분한 4개의 시니어 그룹

력, 학력, 소비력, 사용 물품 등이 완전히 다릅니다. 심지어는 댓글을 달거나 자기 의견을 내는 사회 참여도도 다릅니다. 이를테면 청원에 참여하는 것도 다른 그룹에 비해서 현저하게 참여도가 높게 나타납니다. SNS 사용 정도도 다르고요. 주관적 연령과 경제력이 함께 존재했을 때 발생하는 하나의 사회적인 현상입니다. 물론 경제력이 높지 않아도 자신을 젊게 생각하고 활동적인 중년, 액티브 시니어는 점점 더 늘어가고 있습니다.

액티브 시니어의 특징

액티브 시니어의 주된 관심사는 이전의 노년 세대들과 확연히 다릅니다. 현재 80대 이상인 사람들의 핵심 관심사는 오로지 건강입니다. 그런데 액티브 시니어들은 다릅니다. 액티브 시니어의 주요 관심사는 건강, 패션, 여행, 레저 스포츠, 재테크 5가지 영역에 골고루 분포되어 있습니다. 게다가 관심사가 건강이라고 하더라도 단순히 "아프지 말자"가 아닙니다. 요새 젊은 세대 사이에서 유행인 바디프로필˙도 꿈꾸며 몸매를 위한 다이어트와 운동을 합니다. 무병無病과 외모 모두를 얻는 방식으로 건강을 챙기는 것입니다. 옷을 살 때도 마찬가지입니다. 80대 이상인 사람들은 예를 들어 '겨울에는 무조건 기모가 있는 옷'이라는 실용성을 기준으로 옷을 삽니다. 하지만 액티브 시니어는 다릅니다. 옷을 살 때는 요새 유행하는 스타일은 무엇인지, 색깔이 어떤지, 재질이 고급스러운지, 그래서 '나'에게 어울리는지를 살핍니다. 개인의 만족도에 훨씬 더 초점을 둔다는 것이지요.

여행 같은 경우도 예전에는 효도 관광이라고 했지요. 50세가 넘으면 자식이 패키지여행을 보내주는 게 대세였습니다. 반면

● '바디Body'와 '프로필Profile'의 합성어로 운동 및 식단 관리를 통해 만들어진 최상의 상태인 신체를 사진으로 촬영해 기념하는 것을 의미한다.

액티브 시니어들은 자유여행의 비중이 훨씬 더 높습니다. 거기다가 스포츠 레저 같은, 30대가 주로 하는 적극적인 신체 활동에도 50대 이상의 액티브 시니어들이 고루 포진되어 있습니다. 이러한 변화를 통해 엑티브 시니어들의 신조가 '엔조이Enjoy'라는 것을 알 수 있습니다. 무엇이든 즐기는 것이죠.

재테크에서도 큰 차이가 있습니다. 옛날에는 나이 들면 재산을 자식들에게 상속이나 증여했습니다. 하지만 액티브 시니어는 무조건 자식들한테 주기보다 아직 남은 자기 삶을 위해서 새롭게 자산을 설계합니다. 그렇기에 재테크에도 관심이 많습니다.

한국은행과 금융감독원이 우리나라 국민의 금융이해도, 즉 금융문해력을 조사한 결과가 있습니다.[3] 금융이해도란 합리적이고 건전한 금융생활을 위해 필요한 금융지식·금융행위·금융태도* 등 금융에 대한 전반적인 이해 정도를 의미합니다. 2020년만 18세부터 79세까지 전 국민을 대상으로 조사를 했는데, 결과를 보면 참으로 흥미롭습니다. 금융지식·금융행위·금융태도 모두 중장년이 압도적인 점수를 보입니다. 금융지식은 청년이 68.5점, 중장년은 73.2점이고 금융행위는 청년이 51점, 중장년

• 금융지식 : 합리적인 금융생활을 위해 갖추어야 할 지식.
　금융행위 : 건전한 금융·경제생활을 영위하기 위한 행동양식.
　금융태도 : 현재보다 미래를 대비하기 위한 의식구조.

은 69.8점입니다. 금융태도는 청년이 34.4점, 중장년은 38.2점입니다. 3가지를 모아본다면, 소비가치는 단순히 책으로만 본다고 해결되는 게 아니라 관심과 경험에서 비롯된다는 것을 알 수 있지요. 현재 액티브 시니어의 소비 양상은 보통 20~30대가 이야기하는 소확행(소중하지만 확실한 행복), 곧 소비가 확실한 행동이라는 점을 넘어 돈은 현재뿐만 아니라 미래를 위한 중요한 자산임을 경험과 필요를 통해 잘 알고 있는 것입니다.

BRAVO, 액티브 시니어의 새로운 라이프 스타일

액티브 시니어를 규정하는 가장 대표적인 라이프 스타일을 브라보BRAVO라고 정리할 수 있습니다. 브라보의 B, R, A, V, O는 액티브 시니어의 라이프 스타일을 대표하는 5가지 단어의 앞글자를 따서 만든 단어입니다.

B는 경제력Bankable입니다. 나이가 들어서도 소비 수준 높고, 소득 수준도 여전히 높고, 부동산도 있고, 연금 또는 예금에 관심이 많고, 노후 준비를 하려고 애씁니다. 자산 유지는 물론 세금에 대해서도 관심이 굉장히 높습니다.

R은 관계력Relation입니다. 중년은 기본적으로 가족에 충실해요. 그러나 액티브 시니어는 가족 외에도 종교, 친목, 취미 등 여러 관계를 다양하게 소화합니다. SNS까지 만들어 활동하고 관계

의 스펙트럼이 넓습니다. 옛날에는 퇴직하면 모든 관계는 잔뿌리 잘려나가는 것처럼 끝났던 시절이 있었는데, 이제는 오히려 그 잔뿌리를 더 확장하더라는 거죠. 네트워크라는 이름으로요. 이게 바로 액티브 시니어들이 가지고 있는 관계력입니다.

A는 말 그대로 활동력*Active*입니다. 그리고 활동력을 만드는 기준은 '그래서 그게 나에게 얼마나 도움이 되는데?'와 같은 자기중심적 성향이 강합니다. 그래서 엑티브 시니어는 건강을 관리하는 활동을 하거나 평생교육을 듣고 여가 활동에도 기꺼이 참여합니다. 사람들 관계나 모임이 수다에서 끝나는 게 아니라 더 활동적이고 의미를 찾으려고 하는 것이죠. 여기에는 당연히 정치적 참여도 포함됩니다.

V는 가치 소비*Value Conscious consumption*를 뜻합니다. 내가 간신히 먹고사는 생존형 소비가 아니라 '이게 나에게 얼마나 의미가 있는가?'라는 가치 소비 성향이 나타나는 것이죠. 요새는 여행이나 등산도 많이 가고, 골프 같은 다양한 취미활동을 즐기는 중년이 많아졌습니다. 여가 자체가 고급스러워졌어요. 세련되어지고 돈도 아끼지 않습니다. 여가뿐만 아니라 입고 걸치는 옷의 디자인도 너무 중요하고, 외모 투자도 기꺼이 하고 있습니다. 모두 가치소비입니다.

O는 직장*Occupation* 혹은 소속을 뜻합니다. 중년 이후에도 "나 계

속 일하고 싶어. 평생 현역이고 싶다"고 이야기하는 사람들이 있지요. 계속 일하고 싶다는 말의 '일'이 무엇을 뜻하는지가 중요합니다. '경력과 전문성이 여전히 유지되고 존경도 받으면서 나의 유능함도 뽐낼 수 있는 일'을 하고 싶다는 것입니다. 그렇기에 어려운 경제 시장인데도 창업에 대한 욕구가 끊임없이 일어나는 것이지요.

액티브 시니어들의 라이프 스타일을 한마디로 하면 바로 BRAVO, 브라보! 말 그대로 '인생의 피날레를 환호와 함께 살고 싶다'는 것입니다. 이게 한 번의 시도로 끝나는 것이 아닌 지속되어야 합니다. 사는 동안 끊임없이 브라보를 외치고 싶은 거죠. 액티브 시니어의 특징과 라이프 스타일을 종합해본다면, 지금의 액티브 시니어는 다른 인류라고 할 수 있습니다.

액티브 시니어 진단지가 있습니다. 간단한 검사이니 꼭 한번 해보시길 바랍니다. 점수가 높으면 높을수록 더 액티브한 시니어이고 더 활동적인 존경받는 삶을 살고 있다고 볼 수 있습니다. 이 진단을 자기 성찰의 지표로 삼아보세요.

다음 항목을 읽고, '예' 혹은 '아니오'에 동그라미 표시를 하세요.

	항목	예	아니오
1	일상에 활력이 있고 때로는 넘친다.		
2	새로운 것을 배우고 싶다.		
3	나이에 맞는 일이 따로 있다는 건 옛말이다.		
4	나이 드는 건 맞지만 끝난 건 아니다.		
5	젊은이들의 활동에 호기심이 생긴다.		
6	말하기보다 듣기가 좋다.		
7	젊은 시절이 좋았지만, 지금도 좋다.		
8	요즘은 정보시대다.		
9	스마트폰 기능을 4가지 이상 사용한다(전화, 문자, SNS, 동영상, 사진 찍기, 금융, 뉴스, 쇼핑, 게임 등).		
10	SNS(카카오톡·페이스북·인스타그램 등)를 하고 유튜브를 본다.		
11	학습 활동에 참여하고 있다.		
12	자주 모이는 사교 모임이 있다.		
13	지지하는 정당이 있다.		
14	아르바이트나 자원봉사를 하고 싶다.		
15	운동을 하려고 애쓴다.		
16	흘러가는 시간이 아깝다.		
17	필요한 경우 기꺼이 소비한다.		
18	나가면 만날 친구 혹은 사람이 있다.		
19	하루하루가 대체로 즐겁다.		
20	아쉬움도 있지만 나는 꽤 괜찮은 삶을 살았다.		

◆ <액티브 시니어 진단지>는 노화 인식, 사회 활동, 정보 활용 능력, 자기 관리, 경제 활동, 행복감 요소를 중심으로 20개의 질문으로 구성되어 있다. '예'와 '아니오'로 답변하며, '예=1점, 아니오=0점'으로 채점한다. 10점 이상이면 액티브 시니어이며 점수가 높을수록 활동적인 액티브 시니어라고 판단한다.

점수에 따라 4개의 유형으로 나눠집니다.

• 1~5점은 '비참여 유지형(비유형)'으로 남이 보았을 때 긍정적인 이미지는 약하지만, 여전히 건강하고 안정감을 유지하는 형이고 알뜰한 안전형입니다.

• 6~10점이라면 '비참여 내실형(비내형)'입니다. 소수의 친구와 깊은 관계를 나누고 온라인 강의 등을 들으며 조용한 삶을 즐기지요. 이 유형이라면 필요한 소비는 기꺼이, 그러나 자신을 위한 소비는 짠돌이일 겁니다.

• 11~15점이라면 '참여 보수형(참보형)'이지요. 긍정적인 이미지도 있고 모임 참여도 열심이며 실속파라 쓸데없는 것에 에너지를 낭비하는 것은 딱 질색합니다. 평판 관리도 잘하고 돈도 규모 있게 쓰며 안정적인 수입이 있는 경우가 많습니다.

• 16~20점이라면 '참여 통합형(참통형)'입니다. 아주 폭발적인 에너지의 소유자에 사회 참여도 매우 활발하고 무척 사교적입니다. 세련된 외모는 기본이고 리더십도 매우 좋으며 자신을 위한 소비를 아까워하지 않습니다.

여러분은 어떤 유형인가요?

중년에 가장 인기 많은 사람은
감탄하는 사람

어느 곳에나 인기 있는 사람들이 있지요. 나도 인기 있는 사람이 되고 싶지만 그게 참 마음 같지 않아요. 중년에 가장 인기 있는 사람은 누굴까요? 바로 '감탄하는 사람'입니다. 나는 살면서 얼마나 감탄해왔는가 한번 생각해보세요. 많은 사람이 '얼마나 감사해왔는가'에 집중하고 있는데 '감사'와 '감탄'은 완전히 다릅니다. '감사'는 내게 주어진 것들에 대한 기쁨을 말로 표현하는 것이고. '감탄'은 뜨거운 감정들을 탄성으로 뱉어내는 것, 바깥으로 뿜어내는 걸 말합니다. 그렇다면 자주 감사하는 사람이 행복할까요? 자주 감탄하는 사람이 더 행복할까요? 감탄하는 사람이 더 행복합니다. 누구나 감탄할 수 있는 건 아닌 데다가 감탄은 그야말로 내면으로부터의 축제거든요.

먼저 우리가 언제 감탄하는지 살펴보겠습니다. 가장 흔한 것이 완전히 새로운 것을 접할 때입니다. 또는 완전히 낯선 것일 때입니다. 나도 모르게 "이야~ 이런 게 있어?"라면서 감탄하죠. 혹은 너무나 아름다운 것을 봤을 때입니다. "와~ 너무 예쁘다." 때로는 누군가에게 깊은 내면의 사랑 고백을 할 때도 있죠. "그대는 나에게 꽃이고 아름다움이고 선입니다." 이런 고백을 할 때 감탄의 탄성이 나옵니다. 이 감탄이 우리 몸의 도파민 샘을 넘쳐흐르게 합니다. 또 하나 놀라운 건 사람의 어떤 모습이 가장 기억에 남냐고 사람들에게 물어봤더니 자신을 보며 기꺼이 감탄하는 모습이라고들 하더군요. 다른 사람의 감탄사를 주로 기억한다는 것, 너무 놀랍죠?

감탄하라, 더 이상 감탄할 수 없을 때까지

감탄은 다른 사람들에게 각인이 될 만큼 기쁨의 호흡이 바깥으로 나와 상대방에게도 전달됩니다. 게다가 그때의 탄성은 한 번으로 끝나는 게 아닐 수도 있죠. "우와", "이런 게 있어?", "멋있다", "엄청나" 등등. 이래도 되나 싶을 정도로 연속적인 감탄사를 대포 쏘듯 뿜어내며 매사에 감탄하는 것이죠. 이런 사람들은 십중팔구 그렇지 않은 사람보다 인간관계가 훨씬 좋습니다. 타인의 사랑을 받을 확률이 훨씬 더 높고요.

감탄하는 사람들의 주요 특성은, 습관적으로 감탄한다는 것입니다. 이 사람들은 감탄이 몸에 배어 있습니다. 감탄은 뇌가 뱉어 낼 수 있는 이성과 감성의 극치입니다. 찰나에 살아오면서 겪었던 수많은 경험과 판단을 되짚어본 후, 여기에 정서적 감흥을 최고치로 올려 내뱉는 탄성이기 때문입니다. 이런 이성과 감성의 조합은 뇌를 자극하지요. 짜릿함을 경험할 때 반응하는 미주신경도 덩달아 움직이게 되어, 감탄의 대상보다 감탄하는 우리가 더 행복해지게 됩니다.[4] 이런 감탄이 습관이 된다면 이 얼마나 좋은 행복습관일까요.

이렇게 중요한 감탄, 이런 감탄의 말을 내뱉을 때 실제 우리가 쓰는 언어들은 어떤 것이 있을까요? 미국인들이 가장 많이 사용하는 영어식 감탄사를 알아보겠습니다. 언젠가 외국에 나갔을 때 써야 할 테니까요. 미국에 사는 지인들에게 물어보니 가장 많이 하는 감탄사 표현은 "I LOVE IT(아이 러브 잇)"입니다. "너무 좋아", "정말 끝내준다"라는 의미죠. 두 번째로는 "AWESOME(어썸)"입니다. "와~ 대단하다!" 정도로 해석할 수 있습니다. 세 번째는 "AMAZING(어메이징)"입니다. 해외에 가게 되면 Love it(러브 잇), Amazing(어메이징)을 쓰면 되는 겁니다. 해외에 나갈 상황을 고려해 영어식 감탄사를 알아보자고 했지만, 이렇게 영어로 이야기한 이유는 따로 있습니다. 하나의 표현으로 삶을 일관하는 사람이 있는 반면, 여러 개의 표현으로 생애를 풍성하고 다채롭게 만드는 사람이 있습니다. 감탄도 부자가 따로 있는 것이죠. 감탄 부자는 행복한 사람들의 상징입니다. "젊어서는 돈을 따라가고 나이 들수록 감탄을 따라가라." 저는 이렇게 말합니다. 감탄하는 곳에 나의 습관이 있고 감탄하는 곳에 나의 덕이 있고 감탄하는 곳에 나의 행복이 있습니다. 감탄한다는 건 대상이 있다는 말이고 그 대상이 무생물일 경우도 있지만, 같은 공간에 함께 호흡하는 사람이 있다면 감탄은 더 크게 터져 나오는 특성이 있거든요.

감탄은 나이 들수록 필요한 좋은 습관입니다. 좋은 습관이 우리를 행복으로 데려다주지요. 감탄 부자가 되기 위해 감탄의 형용사를 내가 몇 개나 쓸 수 있는지 한번 찾아보고, 적다면 늘려보세요. 영어로 늘려보아도 좋습니다. 내 언어의 경계를 넘어서 감탄해야 점점 감탄의 부를 더 축적하게 되는 겁니다.

중년에 가장 인기 있는 사람은 누구인가?

지금부터 고개를 돌려서 감탄할 대상들을 한번 찾아보세요. 바로 옆에 배우자가 있고요. 반려동물이 있고요. 아이들이 있고요. 친구들이 있을 수 있습니다. 사람이 없다면 물건이 있을 수 있겠죠. 나의 오래된 연필이 있을 수 있고, 함께했던 수많은 기억이 있습니다. 볼 때마다 감탄해 주세요. "나에게 네가 있다니", "네가 있어 정말 다행이야", "그때 너무 좋았지", "그거 괜찮았는데", "어쩜!", "나는 참 행복한 사람이야" 이게 다 감탄의 연속입니다.

제 주변에서 가장 대표적으로 감탄을 잘하는 사람이 바로 제 어머니입니다. 어머니는 제 얼굴을 보자마자 이렇게 말하시죠. "넌 어쩜 점점 더 예뻐지니?", "넌 어쩜 뭐든지 잘하니?", "넌 어쩜 이렇게 매력적이니?", "이야, 넌 뭘 입어도 뚱뚱해 보이질 않는다." 제가 88 사이즈 입을 때도 그 말을 하셔서 감탄의 말을 오롯이 믿지는 않습니다. 하지만 저는 그 감탄의 힘으로 50년 넘게 살고 있습니다. 부모의 감탄은 자녀에게 긍정적인 영향을 줍니다. 배우자의 감탄은 다른 배우자를 행복하게 만들고,[5] 서로 감탄하는 부부는 장수한다는 연구 결과가 있습니다. 더 놀라운 건 감탄을 잘하는 사람들은 심지어 월급도 높답니다.[6]

중년에 가장 인기 있는 사람은 바로 감탄하는 사람입니다. 그 이유는 곁에 있는 사람까지 감탄하기 때문입니다. 많은 이가 감탄하는 사람 곁에 있기를 바랄 수밖에 없죠. 그리고 중년에 가장 아름다운 사람 역시 바로 감탄하는 사람이에요. 곁에 있는 사람의 가장 아름답고 매력적인 부분을 찾아내 감탄하기 때문입니다. 타인의 아름다움을 발견하고 이야기하는 사람이 도리어 가장 아름다운 사람이 되는 법입니다.

이 글을 읽으며 감탄 한번 해보시길 바랍니다. 지금 딱 떠오르는 감탄을 내뱉어 보세요. 이를테면 '이 책, 참 괜찮다' 이런 감탄이요. 감탄하는 것이 어색하더라도, 감탄 습관을 키워보세요. 좋은 습관이 우리를 좋은 곳으로 데려갑니다.

노래를 크게 자주
불러야 하는 이유

노래 부르는 걸 좋아하시나요? 얼마나 자주 노래 부르시나요? 인간은 누구나 노래를 합니다. 기쁠 때는 물론이고, 슬플 때도 노래를 부르죠. 혼자서도 부르고, 여럿이서 같이 화음을 넣어서 부르기도 하고요. 이렇게 우리가 즐겨부르는 노래에는 3가지 특징이 있습니다. 저는 가끔 사람들이 부르는 노래를 가만히 귀 기울여 듣곤 하는데, 사람마다 부르는 방식이 제각각이라 놀랐습니다. 자기만의 소리로 새롭게 노래를 창작하고 있었습니다. 자기만의 박자와 음정, 감정과 몸짓을 넣고, 중간중간 추임새를 넣는 것은 기본이고, 심지어 마음대로 가사도 바꿔 각색까지 합니다. 나 작사 나 작곡! 내 노래가 되는 신비, 이것이 노래의 첫 번째 특징입니다.

노래의 두 번째 특징은 감정들끼리의 연결고리 역할을 한다는 것입니다. 노래는 속으로도 부르고, 머리로도 부를 수 있습니다. 상상하며 부를 수도 있고, 듣기만 하기도 하고, 따라서 부르기도 합니다. 춤을 추면서도 부르고 발끝을 까딱이면서도 부르지요. 이렇게 부르는 방식은 다양하지만 모든 노래에는 내 감정이 투영되고, 그 감정이 이어집니다. 마치 음악치료를 하듯 흥얼거리는 노래 속에 나의 감정을 잇대어 변화시킨다는 점입니다. 울다가도 노래를 크게 부르면, 울음이 흥이 되기도 합니다. 미처 못 내보인 마음을 밖으로 뿜으며 마음의 응어리를 풀어내게 하는 것, 노래의 특징이자 노래의 힘입니다.

노래의 세 번째 특징은 태어날 때부터 죽을 때까지 노래한다는 데 있습니다. 배 속에서 듣는 엄마의 흥얼거림에 태아의 뇌파가 지속적으로 움직입니다. 놀라운 건 엄마가 흥얼거렸던 그 노래를 그 딸이 흥얼거린다는 것입니다.[7] 심지어는 장례식에서 고인이 생전에 좋아했던 노래를 틀어주며 떠나는 길을 배웅하기도 합니다. 제가 아는 한 개그맨은 아버지 장례식장에 트로트를 틀어놨었다고 해요.

노래를 구성하는 몇 가지 요소들이 있죠. 이를테면 가사와 선율, 화음, 박자 등이 있습니다. 이것들이 노래로 같이 버무려질 때 스며있는 감정이 있습니다. 노래는 일련의 종합전과*, 곧 감정 문화복합체**라고 볼 수 있겠죠. 재미있는 것은, 사람마다 자기만의 노래가 있다는 것입니다. 흔히 '18번'이라 하죠. 내가 가장 좋아하는 애창곡을 "이 노래 내 18번이야"라고 이야기합니다. 남이 불렀고, 누구나 부르는 유행가더라도 내가 외워서 부르면 완벽하게 '내 노래'가 되는 것이 노래의 재미있는 특징입니다.

노래를 부를 때 생기는 일

여러분은 어떤 노래를 좋아하나요? 트로트 아니면 발라드? 아니면 신나는 댄스곡? 만약 저에게 어떤 노래를 좋아하는지 묻는다면 저는 다 좋다고 답합니다. 저에게 노래는 음식과 같아요. 가리는 게 없습니다. 한때 대학가요제에도 나간 적이 있습니다. 물론 예선 탈락했지만요. 저는 제가 노래를 잘 부른다고 생각하는데요. 사람들끼리 노래방에 가서 제가 노래를 부르기 시작하면 사람들이 방에서 다 나가더군요. 그러나 내가 좋으면 되지 않겠어요? 내가 흥에 겨우면 충분하지 않을까요?

노래는 기본적으로 정서를 자극합니다. 그리고 노래는 머릿속

● 백과사전을 말하며 음악이 종합예술체임을 말하는 은유적 표현.

●● 정서를 유발하고 문화적 경험을 만끽하게 하는 종합적참여 경험 공간.

의 전두엽前頭葉*과 그 앞에 있는 전전두엽前前頭葉**을 활성화시킵니다. 뇌의 전두엽과 전전두엽은 언어와 인지 영역을 담당해요. 언어와 음률로 이루어진 노래를 부르기 위해선 뇌의 여러 복합적인 기능들을 한꺼번에 움직여야 합니다. 이뿐만 아니라 정확한 가사를 발음하기 위해서 혀 근육도 잘 써야 하고, 소리를 크게 내기 위해 배에 힘도 줘야 하니 노래는 부를수록 신체 기능도 증진하는 게 확실합니다.

또한 노래는 가사를 담아서 부르잖아요. 이를테면 세레나데serenade를 부른다고 생각해봅시다. 세레나데는 저녁 음악이라는 뜻으로, 밤에 연인의 집 창가에서 부르거나 연주하던 사랑의 노래를 일컫는 말입니다. 즉, 사랑하는 사람이 내 귓가에 속삭이는 노래입니다. 우리 주변에서 흔하게 볼 수 있는 경우로는 결혼식에서 부르는 축가가 있습니다. 이때 노래는 '의사소통'의 기능을 가집니다. 마음의 뜻과 내용을 곡조에 담아 전달하는 과정이니까요. 이렇듯 노래는 기본적으로 의사소통의 기능을 하고 더불어 감정을 표현하는 수단이라고도 할 수 있습니다.

이뿐만이 아닙니다. 기쁜 노래를 부를 때는 묵직한 감정들이

● 대뇌 반구의 앞부분. 운동 중추와 운동 언어 중추가 있고 사고, 판단과 같은 고도의 정신 작용이 이루어지는 곳이다.

●● 전두엽의 앞부분. 추론하고 계획하며 감정을 억제하는 일을 주로 맡는다.

가볍고 경쾌한 감정으로 바뀌는 것을 느낄 수 있죠. 불쾌감이 유쾌함으로 옮아가고, 내 안의 슬픔이 노래와 만나 눈물이 흐르고 가슴이 찡한 순간을 느끼게 됩니다. 바로 '카타르시스 *catharsis*'인데요. 우리 몸의 미주신경**이 카타르시스를 경험할 때 자극이 되는 겁니다. 왠지 가슴이 뜨끈해졌다가 다시 침착해지는 순간, 누군가를 기억하면 찡하고 다시 마음이 부풀어 오르는 느낌, 선한 일을 했을 때 가슴이 뻐근해지는 느낌을 받을 때 미주신경이 자극됩니다. 미주신경이 움직일 때 도파민이 폭발하며 기쁨이 충만해지지요. 노래가 주는 특징은 미주신경이 자극될 때 온화해지고 뿌듯해지는 느낌, 감정이 순화되는 느낌을 그대로 경험하게 된다는 것입니다.

게다가 노래는 노래로만 끝나지 않습니다. "언제까지 어깨춤만 추게 할 거야"라는 농담이 있죠. 실제로 흥겨운 노래가 나오면 나도 모르게 덩실덩실 춤을 춥니다. 송해 선생님에 이어 지금은 김신영 씨가 진행하고 있는 〈전국노래자랑〉 프로그램을 아시

●   정신 분석에서 마음속에 억압된 감정의 응어리를 언어나 행동을 통하여 외부에 표출함으로써 정신의 안정을 찾는 일.

●● 전신에서 가장 길고 복잡한 신경. 뇌 신경 중 하나이며, 뇌로부터 나와서 얼굴, 흉부, 복부에 걸쳐 분포한다. 또한 심장, 폐, 소화관 등에 작용하는 부교감신경의 조절에 관여한다.

죠? 진행자가 바뀌어도 절대 바뀌지 않는 전국노래자랑의 인트로 음악 또한 기억하실 겁니다. 방송을 보면 인트로 음악이 나갈 때부터 무대 바로 앞과 옆에서 덩실덩실 춤을 추는 사람들이 있습니다. 나도 모르게 어깨가 들썩이고, 엉덩이가 방방 뜨고, 발을 딱딱 움직이고, 손을 탁탁 리듬을 맞추게 되는 것. 자연스럽게 노래가 우리의 활동량을 증가시키는 것이지요.

'노래 치료'라는 분야가 있습니다. 음악 치료라고도 하는데요. 이 치료의 과정은 굉장히 드라마틱합니다. 흥을 돋우면서 동시에 나도 모르게 몸을 움직이게끔 하고, 그 역동이 뇌의 반응을 촉진해 호르몬을 바꿔서 신체의 유동성을 증가시킵니다. 노래가 우리의 몸을 움직이게 하고, 자연스러운 몸의 움직임 증가는 뇌의 자극으로 이어집니다. 이렇게 뇌가 자극되면 집중력, 인지력, 상상력이 높아집니다. 언어 회상 능력도 높아지고, 심지어 알츠하이머 환자의 경우에는 떨어졌던 기억력도 향상시킨다는 결과가 있습니다.[8] 노래는 이런 어마어마한 힘을 가지고 있습니다. 노래 치료는 치매 환자, 우울증 환자들에게 그 어떤 약물보다 더 강력하게 예방과 치료 효과를 가져다 줍니다. 고독감과 무력감을 가지고 있는 분들에게 노래가 약 이상의 효과를 낸다는 연구 결과[9]도 있습니다.

한번 생각해보세요. 내가 노래로 기뻤던 적이 있었나? 나의 기분을 전환하기 위한 하나의 방법으로 노래를 사용했던 적이 있었나? 노래를 들었더니 갑자기 우울해지거나 침착해진 적이 있었나? 노래를 들었더니 가라앉았던 감정이 훅 올라오는 경험이 있었나? 아마 다들 있으실 겁니다. 다양한 노래를 통해서 여러 감각에 집중해보세요. 심장이 빨리 뛰기도 하고 늦게 뛰기도 하고 다른 몸짓을 하기도 하고 심지어 노래에 맞춰서 눈을 깜빡거리는 감각들을 느낄 수 있습니다.

음악이라는 거대한 치료제

노래를 듣고 부를 때, 변화하는 몸과 마음의 움직임은 단순히 흥이나 정서 혹은 감정과 같은 변화만 가지고 올까요? 그게 아니라는 연구 결과가 있습니다. 이화여자대학교 연구팀은 1995년부터 2014년 사이 총 9,147명 대상으로 진행된 97종의 임상시험 결과를 음악치료저널에 발표했습니다. 그중 암처럼 큰 통증을 안고 지내는 중증질환 환자들이 음악 치료를 시행했을 때 통증을 어떻게 느끼는가에 대한 연구도 있었지요.

연구 결과는 대단히 놀라웠습니다. 가장 먼저 마취제 사용이 줄었습니다. 흔히 마취제라고 하는 건 마약성 진통제를 이야기합니다. 마약성 진통제를 사용하지 않고도 혹은 사용하더라도 그 양을 줄일 수 있었다고 하는 건 통증에 대한 놀라운 향상성을 가지게 되었다는 것입니다. 이 실험에 참가한 연구진은 "음악이 통증 수용체와 환자의 주의를 끄는 다른 감각을 자극하고 스트레스와 불안감을 줄여 통증 완화에 도움이 된 것으로 보인다"[10]라고 진술합니다. 감미로운 음악을 들으면 마음이 편안해지는 건 노래가 일종의 통증 수용체의 변화를 가지고 온 것이라 볼 수 있습니다. 즉, 음악이 정신적인 스트레스를 감소시켜 안정감을 들게 하고, 뇌의 변화를 가져온다는 것이지요. 이는 정신적인 통증뿐만 아니라 음악을 통해 신체의 반응까지도 연결할 수 있다는 말입니다. 음악이 마음의 무게와 몸의 통증을 동시에 통제하면서 치료제로 작용할 수 있다는 거죠.

또한 자주 노래하는 환자들은 그렇지 않은 환자들에 비해서 통증을 덜 느꼈다는 연구 결과도 있습니다. 그리고 노래를 할 때 작게 부르는 환자들보다 크게 부르는 환자들은 훨씬 더 통증을 덜 느끼고 통증을 관리하기가 수월했다고 합니다. 쉽게 비유하자면 노래하는 순간, 노래는 몸을 통과하며 통증을 줄여주는 버튼을 누르는 것과 비슷하다고 해석할 수 있습니다.

자, 그렇다면 지금부터 우리는 무엇을 해야 할까요? 노래를 불러야지요. 어떤 노래를 부를지는 개개인에게 달려있습니다. 다만 분명한 건, 노래를 부르되 크게 불러야 한다는 점입니다. 크게 불러야 질병을 예방하는 기능이 발휘되고요. 행복감이 증가하니다. 신체 안정성도 높아집니다.

　더 재미있는 사실은 사람들과 같이 부르면 같이 좋아진다는 것입니다. 집단 자체에 큰 상승효과가 나타나는 것이지요. 이게 크게 부르는 노래의 힘입니다. 자, 어떤 노래 선택하시겠어요?

뛰어난 유머 감각을
가지게 되는 4가지 기술

"유머 감각은 리더십 기술에 속하고, 다른 사람들과 잘 지낼 수 있게 해주는 비법 중 하나이자 어떠한 일을 성취하는 과정의 일부이다.*A sense of humor is part of the art of leadership, of getting along with people, of getting things done*" 미국 제34대 대통령인 드와이트 아이젠하워*Dwight D. Eisenhower*가 이야기한 유머의 중요성입니다. 유머 감각은 성공과 인간관계에 많은 도움을 준다는 것입니다. 그렇다면 유머 감각은 어떻게 만들 수 있을까요?

개그맨, 개그우먼들을 보면 몇 가지 특성이 있습니다. 첫 번째, 수시로 웃깁니다. 두 번째, 웃을 때까지 웃깁니다. 세 번째, 상상하지 못하는 생각들을 훅 던집니다. 네 번째, 분위기를 잘 읽고, 한마디로 집중력을 이끕니다. 대단한 능력이지요. 게다가 이런 능력들이 실시간으로 일어납니다. 즉, 순발력까지 갖추고 있다는 것이지요. 그래서 저는 개그맨, 개그우먼을 '말의 예술가', '창조성을 가진 종합예술인'이라고 표현합니다.

유머가 우리 몸에 일으키는 변화

유머 있는 사람 곁에서 까르르 웃으며 시간을 보내는 동안, 몸안에서 어떤 반응이 일어나는지 살펴보겠습니다. 첫 번째, '긍정적인 각성'이 일어납니다. 유머는 스트레스, 부정적인 에너지들을 감소시킵니다. 당연히 긴장은 이완되겠죠. 또한 유머에 세상만사 다 잊고 웃음을 터뜨리거나, 유머를 기대하는 등 긍정적인 각성이 일어나는 게 유머가 가지고 있는 특징이라고 볼 수 있습니다.

두 번째, 집단의 카타르시스를 양산합니다. 예전에 개그 공연을 가까이서 볼 기회가 있었습니다. 공연을 보는 내내 '어떻게 짧은 시간에 이토록 많은 사람을 뒤집어 놓을 수 있을까?'하고 감탄을 금치 못했습니다. 사람들은 유머를 통해 한꺼번에 확 웃고, 카타르시스를 느낍니다. 이러한 점에서 유머는 독특하고 의미 있는 능력입니다. 개인을 웃기는 것을 넘어 집단의 카타르시스를 만들기 때문입니다. 다른 사람들이 웃을 때 나 역시 더 크게 웃고, 더 많이 웃게 됩니다. 이 과정에 유머는 마음을 정화하는 촉진제 역할을 합니다.

세 번째, 유머에는 공격성을 줄이고 심지어 성적 충동까지 낮추는 기능이 있습니다. 이를테면, 이름을 바꿔 부르는 것만으로도 사람들은 깔깔거리며 웃습니다. 아주 단순한 유머라도 마음이 무장해제되지요. 마음의 무장해제는 증오감을 낮추고 미움혹은 죄책감, 수치심 혹은 공격성 등 부정적 감정들을 전반적으로 낮추는 기능을 합니다. 그래서 우리가 한바탕 웃고 나면 속이시원하면서 깨끗이 비워낸 것 같은 느낌이 드는 것이지요. 그 안에는 누구를 미워하는 마음도 포함되어 있습니다. 게다가 건강한 웃음과 강한 성적 충동은 동시에 존재할 수가 없습니다.

　네 번째, 유머는 관계의 질을 결정합니다. 이를테면 농담이 가능한 사이라고 했을 때, 이 관계의 질이나 농도, 한계가 어디까지인지 어느 정도 예측이 가능합니다. 유머로 인해 긴장이 이완되고 속내를 털어놓을 수 있는 상태가 되고 상대에 대한 포용이나인정이 가능한 관계라는 걸 알게 됩니다.

　정리하자면, 유머는 총 4가지의 변화를 일으킵니다. 첫 번째, 긍정적인 각성을 하게 됩니다. 두 번째, 집단적 카타르시스를 일으켜 관계 촉진제 역할을 합니다. 세 번째, 공격성을 줄이고 성적인 충동까지 억제합니다. 네 번째, 관계의 질을 결정하면서 보다완화된, 보다 응집력 있는 관계로 가도록 돕습니다.

나의 유머 감각 확인하기

"유머 감각 있으십니까?" 이런 질문을 받으면 뭐라고 대답하실 건가요? 보통 2가지 반응으로 나뉩니다. "저 좀 웃기는 재주가 있어요" 하는 사람과 "저는 유머가 꽝입니다. 웃다가도 제가 말하면 싸늘해져요" 하는 사람. 진짜인지 아닌지 길고 짧은 건 대봐야 알겠죠? '유머 감각 척도'라는 게 있습니다. 별 척도가 다 있다고 생각하실 수 있겠지만, 나는 얼마나 유머 감각이 있는가를 알게 해주는 척도라니 궁금하시지요? 이 검사지는 토슨*Thorson*과 파월*Powell* 두 사람이 1993년에 만든 척도입니다. 원래 24문항으로 구성되어 있는 질문지인데, 제가 한국 정서에 맞춰 20문항으로 줄였습니다. 검사지는 검색창에 '이호선의 나이들수록 유머감각 테스트'를 쳐보세요. 점수가 높으면 높을수록 유머 감각이 상위라 생각하시면 됩니다. 참고로 저는 95%의 유머 감각을 가진 사람입니다.

우리나라 60대에서 80대까지 345명으로 대상으로 한 연구 결과, 유머 감각이 높을수록 건강 상태가 좋았고 주관적 행복감도 높았습니다.[11] 즉, 유머 감각이 있는 사람들은 더 건강하고 더 행복감을 잘 느낀다는 것입니다. 그러니 유머 감각에 무심했던 사

● 링크 주소는 ko.surveymonkey.com/r/SG2KY87

람도 이제 관심을 가져봅시다. 좋은 것을 먹고 운동을 하는 것도 굉장히 중요합니다만, 언어의 유희, 유머 감각의 향연을 통해서 우리는 더 건강하고 행복해질 수 있다는 것을 기억해주세요.

주변에 유머 잘하는 사람을 떠올려보세요. 그 사람이 유머 할 듯한 뉘앙스만 보여도 주변 사람들은 벌써 웃기 시작합니다. 반면 어떤 분은 애써 외워서 유머를 했는데 주변에서 "야, 너 이거 다른 데 가서 절대 하지 마라"라는 말을 듣곤 하죠. 혹은 분위기만 썰렁해진 것 같아 괜히 머쓱해 '다신 하지 말아야지' 혼자 다짐하기도 하지요. 이걸 우리가 흔히 유머 감각이 있는가 없는가에 관련된 이야기일 겁니다.

그런데 정확히 유머 감각이란 뭘까요? 유머 감각은 이렇게 정의합니다. 유머를 '감지'하고 '즐기'고 '창조'하는 능력. 총 3개의 부분으로 나뉘어 있습니다. 먼저 감지를 하려면 감각이 예민하게 돌아가야 합니다. 그리고 즐겨야 합니다. 이때 자기도 즐거워야 합니다. 내적 즐거움이 먼저고 그다음으로 유머를 하려고 해야 창조적인 능력까지 발현되는 거죠. 감지하고 즐기고 창조하는 3가지 능력을 합쳐서 유머 감각이라고 합니다. 흔히 말하듯 씹고, 뜯고, 맛보고, 즐기고 과정까지 통틀어야 유머 감각이 있다고 이야기할 수 있습니다.

이걸 조금 더 풀어서 살펴볼까요? 첫 번째, 유머 감각의 가장 핵심은 바로 지능입니다. 유머 감각이 높은 사람들은 유머를 외워서 웃기는 게 아닙니다. 순발력과 환경과 시기에 맞는 적응성을 가지고 적절한 단어와 상황들을 창출하는 높은 상황 지능을 가지고 있습니다. 또 언어 지능도 가지고 있습니다. 표현 능력도 있죠. 더해서 환경을 읽어내는 공간 감각, 지각력도 있습니다. 그러니 이 사람이 가지고 있는 전체적인 지능이 높다는 것을 알 수가 있지요.

두 번째, 유머 감각이 있는 사람의 특징은 지속성입니다. 은근과 끈기라고 할까요? 유머 있는 사람들은 한번 유머에 실패해도 굴하지 않습니다. 유머를 할 기회가 생기면 또 써요. 새로운 유머를 알게 되면 또 써봐요. 그래서 오히려 타인의 시선에서 더 자유로워집니다. 타인의 시선을 가장 많이 의식하면서도 시선에서 가장 자유로운 사람들. 이 사람들이 일명 유머 감각을 가지고 유머를 시도하는 사람이라고 볼 수 있습니다.

세 번째, 다른 사람이 유머를 할 때 기꺼이 웃어주고, 알아채는 능력도 유머 감각입니다. 내가 유머를 잘 못 해도 다른 사람 유머를 바로 알아채서 웃어주는 것이지요. 참고로 저는 개그맨 지상렬 씨의 유머를 무척 좋아합니다. 일전에 지상렬 씨랑 같이 라디오를 한 적이 있었는데 정말 말의 잔치였습니다. 지상렬 씨는 상대가 했던 이야기를 받아서 다시 자기만의 독창적인 언어로 바꿔 던져주더라고요. 티키타카 *Tiqui-taca*• 라고 하죠. 이런 옥신각신하는 양상에서 창조성이 드러나고요. 이렇듯 타인에게 반응하는 방식으로 그가 유머 감각을 갖추고 있는지, 아닌지 알 수 있습니다. 여기에 나만의 언어로 바꿔 상대에게 되돌려줄 수 있다면 베스트 오브 베스트 *Best of Best*입니다.

유머 감각이 부족해서 고민인 당신을 위한 솔루션

유머 감각이 부족해서 고민인 사람이 꽤 있습니다. 유머 감각이 없어 학원까지 다녀봤지만 소용이 없었다며 좌절하는 사람도 있습니다. 그럼 이제 더 건강하고, 행복감을 느낄 수 있도록 유머 감각을 높이는 방법을 알아보도록 하겠습니다.

첫 번째, '보고 배우기'입니다. 이걸 심리학에서는 '관찰학습'이라고 부릅니다. 이를테면 공부 잘하는 애들 옆에 가면 공부를 잘하게 되고, 부자가 되고 싶으면 부자와 같이 다니라고 하잖아요. 그와 비슷한 이치입니다. 유머 감각 있는 사람 옆에 가면 희한할 정도로 유머에 반응하게 되고, 유머에 민감하게 되고, 나도 모르게 유머를 쓰게 되지요. 유머 감각 있는 사람 곁에서 그들을 보

• 스페인어로 탁구공이 왔다갔다하는 모습을 뜻하는 말로 짧은 패스를 빠르게 주고받는 축구 경기 전술을 말하기도 한다. 최근에는 사람들 사이에 잘 맞아 빠르게 주고받는 대화를 의미한다.

면서 일부러라도 배워야 합니다. 유머를 사용하는 사람은 어떤 타이밍에 유머를 던지는지? 주로 어떤 주제를 어떤 대상과 있을 때 사용하는지? 대상에 따라 유머의 표현이나 방법이 어떻게 달라지는지? 유머를 구사할 때 그의 표정은 어떠한지? 유머를 할 때 주로 제스처가 많은지, 말이 많은지? 처음에는 뭣도 모르겠지만 점점 보면서 어깨너머 배우는 거지요. 이렇게 분석하려고 할 때 더 빠르게 배우게 됩니다. 이것이 바로 관찰학습입니다.

두 번째, 유머와 관련된 '정보를 수집하기'입니다. 인풋^{input}이 있어야 아웃풋^{output*}이 있잖아요. 들어오는 정보가 있어야 나갈 정보도 있지요. 주변 사람들이 재미있다고 하는 유머가 있으면 찾아서 보기도 하고, 다른 사람의 이야기를 들어보세요. 책이나 토크쇼, 유튜브를 보면 됩니다. 혹은 주변에 재미있는 이야기를 많이 아는 사람에게 물어보세요. "나 누구를 만나야 하는데, 재미있는 이야기 하나만 해줘."

저는 유튜브를 찍거나 TV 방송에서 조금 재미있는 이야기를 해야 할 것 같다 싶으면 그 전에 친구 몇 명에게 전화합니다. "부부와 관련된 재미있는 이야기 있니?", "친구와 관련된 재미있는

● 인풋은 무언가를 집어넣는다는 뜻으로, 어떤 지식이나 정보를 배우거나 책을 읽는 행위가 이에 속한다. 아웃풋은 무언가를 밖으로 꺼낸다는 뜻으로, 인풋으로 채운 지식이나 정보를 활용하는 행위가 이에 속한다.

이야기 있니?" 이렇게 물어보기도 하고, 나름대로 이런저런 글들을 찾아보기도 하고, 전에 읽었던 책 중에 메모해놨던 것들을 써먹는 경우도 많습니다. 인풋을 넣어야 나올 게 있고, 자료가 많아야 적절한 유머를 고를 수 있습니다.

세 번째, '시연하기'입니다. 직접 해보면 사람들이 어디에서 반응을 보이는지 알게 됩니다. 내 친구들이 웃는 포인트와 직장 동료가 웃는 포인트는 다를 수 있습니다. 절대 안 웃는 그룹도 있어요. 그래서 처음 유머를 했을 때 사람들이 웃지 않더라도 포기하지 않고 다른 그룹에 가서도 해보시길 바랍니다. 여기서는 안 웃었는데 다른 그룹에 가니 박장대소할 수도 있습니다. 이를테면 2~30대는 안 웃는데 4~50대는 웃는 게 있고요. 4~50대는 냉랭한데 2~30대가 빵빵 터지는 것도 있습니다. 사람마다 세대마다 웃는 포인트가 다를 수 있다는 건 시연을 해봐야 알게 됩니다. 그 중에 효과적인 것 또 나랑 잘 맞는 걸 골라내야 하는 거고요.

네 번째, '유머와 나의 장점 합치기'입니다. 똑같은 말인데도 사람에 따라 반응이 다를 때가 있죠. 즉, 각자 자기에게 어울리는 유머를 해야 한다는 말입니다. 남이 한다고 다 웃긴 게 아니거든요. 내 방식으로 유머를 소화하고 자신의 장점에 유머를 섞어야 의미가 생깁니다. 제가 간혹 교수님들을 대상으로 하는 강의에서 이런 말을 합니다. "연구도 하고 공부도 하고 열심히 이것저것 준비해서 학생들을 가르치는데, 정작 잘 가르치려면 어떻게 해야 할까요? 간단합니다. 대상에 맞춰야 해요." 유머도 마찬가지입니다. 유머라고 하는 건, 먼저 내가 충분히 숙지해야 하고 그다음에 내 방식으로 풀어내야 합니다. 이때에는 유머의 대상이 가장 받아들이기 편한 상태, 잘 들리는 형태, 이해하는 형태, 빵 터질만한 형태로 만들어내는 제조 과정, 재가공의 과정이 꼭 필요하다는 말입니다.

자, 그렇다면 정리해 볼까요? 유머 감각은 우리를 건강하게 하고 행복감도 높여줍니다. 그리고 유머 감각을 높이는 방법으로는 보고 배우기, 정보 수집하기, 시연하기, 나만의 장점과 결합하기. 이 4가지를 통해서 유머 감각 있는 사람이 되어보시길 바랍니다.

심심하고 지루한 일상을 바꾸는 치유적 낙서의 힘

살면서 인생이 참 재미없다고 느껴지는 시점이 있습니다. 젊었을 때보다 나이가 들수록 '참 재미없다'고 느끼는 경우가 더 많고요. 어떻게 하면 인생을 재미있게 살 수 있을까요? 어떻게 하면 인생을 조금 더 즐겁게 살까요? 드라마틱하게 삶이 즐겁고 재미있어지는 건 아니지만 다만 약간 재미있게, 그리고 약간 덜 지루하게 사는 방법들은 있습니다. 이 방법들은 언제 어디든 항상 통하는 방법일 겁니다. 나이 들수록 지루함을 줄이는 법, 치료적 낙서법을 알려드립니다.

우울증을 막아주는 낙서의 효능

놀잇감이라고는 아무것도 없던 시절에도 아이들은 가만히 있지 않습니다. 맨땅에 그림이라도 그렸지요. 조금 더 커서 벽을 짚고 설 때는 벽에 그림을 그리기 시작했고요. 이런 과정을 통해 인지적인 발달을 겪게 됩니다. 이런 인지적 발달의 가장 기본은 '탈脫 지루함'입니다. '어떻게 이 지루함을 탈출할까? 심심한데 뭐 할까?' 같은 생각을 하면서 낙서를 시작했는데 놀랍게도 낙서는 인지적인 발달과 인지적인 성장을 촉진했다는 겁니다.

게다가 낙서는 대단히 치유적治癒的이기도 합니다. '지루함'과 '고독'에는 공통점과 차이점이 있습니다. 둘의 차이부터 비교해 보자면 고독하다는 건 누군가와 함께 있어도 해소되지 않는 절댓값을 가지고 있습니다. 반면에 지루함은 외부적인 요소가 개입하면 상당 부분 해소되는 특징이 있죠. 이를테면 지루함은 밖에서 소리만 나도 바로 깨집니다. 주의가 외부로 쏠리고 새로운 호기심이나 두려운 감정이 생기면서 주의가 집중되고 정서는 바로 환기가 되는 것이죠. 누군가 우리 집 문을 두드리기라도 한다면 지루함은커녕 그때부터 급작스럽게 분주해집니다.

고독함과 지루함의 공통점은 자주, 그리고 오래 지속이 되면 반드시 우울증으로 이어진다는 것입니다. 반면 낙서는 아무것도 없는 공간을 선으로 채우고, 면으로 채우고, 글씨로 채우고, 그림으로 채우는 과정입니다. 따라서 낙서는 지루함과 고독함이 우울증과 연결되는 것을 막아주는 대단히 치유적인 '채움'의 과정이기도 합니다. 그래서 저는 '치유적 낙서법'이라고 부릅니다. 그럼 이제 낙서의 기능을 몇 가지 살펴봅시다.

'낙서'는 떨어질 낙落에 글 서書입니다. 글을 떨어뜨린다는 뜻이죠. 마치 붓에다가 물감을 묻혀서 바닥에 톡 떨어뜨린다 생각해보세요. 그게 사람마다 다르고, 떨어질 때마다 그 모양과 전체적인 느낌, 범위 등이 전부 다를 겁니다. 실제로 낙서를 할 때 똑같은 펜, 똑같은 종이, 똑같은 환경에서 낙서하더라도 사람마다 전부 다른 형태와 내용이 나오는 게 특징이거든요. 글씨의 두께, 크기, 서체가 다르고 그 내용과 그림도 100명이면 100개가 다릅니다. 보고 따라 하지 않는 한, 낙서는 놀라울 정도로 백인백색입니다.

치료적 낙서법이란 무엇인가

낙서를 하게 되면 어떤 일이 벌어질까요? 바로 뇌 사용이 급격하게 증가하게 됩니다. 단순히 선과 면을 그리고, 아무 의미 없는 그림을 그리는 경우에도 뇌 사용이 증가합니다. 그 이유는 낙서하는 것만으로도 손의 움직임, 면의 사용, 접촉 그리고 써내려가는 과정, 때로는 낙서에 의미까지 부여하기 때문이죠. 뇌를 사용하기 때문에 낙서할 때 '집중력'과 '주의력'이 높아집니다.[12] 공부할 때는 도통 집중이 안 되더니, 낙서할 때 훨씬 더 크게 집중할 수 있다니 참으로 놀라운 일이지요. 십몇 년 전에 화장실에 있는 낙서들을 모아 책으로 출판된 적이 있었어요. 굉장히 기발하고 재미있는 낙서들이 많았습니다. 낙서는 짧은 시간에 집중력을 높여주기 때문이지요. 낙서하면 뇌의 사용이 증가하고, 이는 집중력과 주의력으로 이어진다는 것을 꼭 기억하시기 바랍니다.

다음으로 앞서 제가 명명한 '치유적 낙서법'이란 무엇인지 알려드리겠습니다. 심리검사를 할 때 사람들에게 "그림을 그려보십시오" 아니면 "글을 써보십시오" 하면서 그려진 그림이나 글을 가지고 심리검사를 하기도 합니다. 이때 자주 사용하는 검사형태가 'HTP 그림 검사'입니다. H는 집^{House}이고, T는 나무^{Tree}, P는 사람^{Person}입니다. 집, 나무, 사람을 그린 그림을 통해서 피검사자가 가진 무의식의 상태와 가족 및 인간관계, 자화상, 이성에 대한 여러 가지 생각들을 복합적으로 알 수 있는 대표적인 그림 검사입니다. 언뜻 보면 낙서처럼 간단하게 그리는 것이지만 그 속에는 깊은 의미가 담겨 있습니다. 별 것 아닌 것처럼 보이는 선과 면 속에서 의미를 발견하고 그걸 통해서 변화를 추구하고자 하는 마음을 찾는 것입니다. 누구에게도 말하지 못했고, 무의식 속에 잠들어 있던 상처와 욕망들을 발견해내는 것이지요. 치유적 낙서법이란 낙서 같은 비의도적인 것이 오히려 마음 치유를 위한 결정적인 통로가 되는 것을 일컫는 말입니다.

어렸을 때는 낙서를 한다고 혼났고, 이제 나이가 들어서는 낙서할 일이 많지 않죠. 심지어 낙서를 막는 자가 되지요. 그런데 이런 어른들의 마음을 울리고 손끝을 다시 움직이게 한 게 있었습니다. 바로 '컬러링 북*Coloring Book*'입니다. 컬러링 북은 어렸을 때 했던 색칠 공부와 차원이 다릅니다. 서점에 가서 어른들을 위한 색칠 공부 찾아보면 깜짝 놀랄 겁니다. 유명 화가의 명화부터 매우 복잡한 추상에 이르기까지 상상을 초월하는 콘텐츠들이 페이지마다 가득하거든요. 크레파스나 색연필을 들어서 컬러링 북을 채워보세요. 일일이 그리다 보면 이 단순한 이차원 작업이 삼차원의 뜨개질과 유사한 효과가 일어납니다. 바로 몰입하는 거죠. 계속하다 보면 내가 그리던 그림이 어느새 작품이 되어있음을 깨닫게 됩니다. 조금씩 칠하다가 마침내 완성하고 나면 성취와 감동이 밀려옵니다. 내 손으로 완성한 작품이기 때문에 성취의 세로토닌*serotonin*과 만족감이 극에 다다릅니다. 지금 일상이 심심하고 지루하다면 성인용 컬러링 북을 권합니다.

지루한 일상을 인상 깊게 바꾸는 낙서법

현재 일상이 심심하고 지루하다면, 딱 한 달 동안만 제가 제안

• 신경 전달 물질로, 적절한 세로토닌의 분비는 긍정적인 마음과 행복감, 차분함과 안전함을 느낄 수 있도록 해주기 때문에 행복 호르몬이라고도 불린다.

한 낙서법을 실천해보세요. 먼저 목적지에서 여러 정거장 전에 내려 걸어가는 걸 매일 해보세요. 40대라면 4개의 정거장, 50대는 3개의 정거장, 60대는 2개의 정거장, 70대 이상은 1개의 정거장을 권합니다. 만일 매일 2개의 정거장을 걷는다면 한 달이면 60개의 정거장을 걸은 셈이니 버스 타고 서울 한 바퀴를 돈 셈입니다. 그다음 한 달 동안 금요일마다 친구를 만나세요. 4주 동안 금요일마다 같은 시간대에 친구를 만나는 겁니다. 그럼 흔히 루틴routine이라고 부르는 반복적인 생활패턴이 만들어지고, 이 생활패턴이 몸속의 호르몬을 움직입니다. 호르몬이 움직이면서 지루함이 계획으로 채워지고 이 계획이 나를 훨씬 더 창조적인 사람인 것처럼 느끼게 합니다.

그리고 반드시 집에 돌아와서 공책에 낙서 같은 글이나 그림으로 하루를 정리합니다. 이런 루틴은 자신의 생활패턴을 재형성하는 데 도움을 주는 것을 넘어 자신도 몰랐던 내면의 감정과 생각을 정리하는 데도 굉장히 중요한 역할을 합니다. 낙서 같은 메모를 많이 하는 사람들은 그렇지 않은 사람들에 비해서 훨씬 더 자기 성찰을 잘하고, 자기의 생활을 채워나가고 지루함을 덜 느끼면서 동시에 우울감도 현저히 줄어듭니다.

그리고 그렇게 썼던 글과 그림을 그냥 두지 마세요. 낙서하는 한 달 동안 특정 사람에게 글과 그림을 지속적으로 보내세요. 이

메일도 괜찮고요. 저는 호스피스나 장애인 생활 시설, 요양시설에 보내라고 권합니다. 기관에 부탁해서 보내는 사람 이름 없이, 시설의 한 분이 받도록 해달라고 해보세요. 꾸준히 보내면 놀랍게도 나의 치유가 곧 그 사람의 치유로 이어지는 것을 경험할 수 있습니다. 경우에 따라서 답장을 서로 주고받을 수도 있겠지요. 그렇게 되면 상호 공감과 상호 성장까지 도달하게 될 겁니다. 심심하세요? 지루하세요? 나이 들수록 지루함을 줄이는 법 치료적 낙서법과 함께하세요.

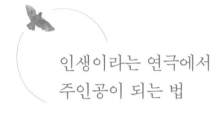

인생이라는 연극에서
주인공이 되는 법

셰익스피어*William Shakespeare*의 5대 희극 중 하나인
《뜻대로 하세요*As you like it*》에는 이런 대사가 있습니다. "온 세상
이 하나의 무대고, 모든 남녀가 한낱 배우에 지나지 않습니다."
이 말처럼 실제로 우리 인생이 연극이고, 무대 위에 서 있다면 그
연극에서 나는 어떤 역할인지 한번 생각해보세요. 나는 주인공
일까요? 아니면 조연일까요? 흔히 '나에게 주어진 인생'이라고
하죠. 인생은 나를 위해 갖춰진 무대라고 비유하는 것입니다. 정
작 무대 위 주인공처럼 살아본 적 있나요? 아마 그러지 않았을 겁
니다.

나는 주인공일까?
내 인생의 주제를 한번 떠올려보세요. 어떤 인생의 주제는 돌

봄일지도 모릅니다. 저의 시어머니는 인생의 주제가 돌봄이라는 단어로 이어집니다. 일찍 돌아가신 부모님 대신 동생들을 돌보고, 결혼해서는 자식들을 돌보고, 나이 들어서는 손주들을 돌보고, 이제는 치매를 앓고 있는 시아버지, 곧 남편을 돌보고 계시지요. 돌봄의 인생입니다. 그런데 과연 시어머니는 자기 인생의 주제가 돌봄이라는 것에 만족할까요? 여쭤보니, 시어머니는 딱잘라 "나는 그 단어가 싫다"로 답했어요. 이 말에서 유추해보자면, 남들이 보는 인생의 주인공과 내가 원하는 인생의 주인공은 다를 수 있다는 것입니다. 이 책을 읽으면서 나 자신에게 질문해보길 바랍니다.

- 나는 인생의 주인공이 되고 싶은가?
- 내가 주인공이라면 어떤 주제의 공연을 하고 싶은가?
- 인생이 연극이고, 내가 주인공이라면 관객은 누구인가?

초년까지만 해도 인생의 관객은 가족부터 시작해서 친구로 넓어졌다가 사회적 관계까지 확장이 됩니다. 시간이 지나면 나도 늙고, 연극의 등장인물들도 나이가 들고, 무대도 낡아가면서 관객은 점점 줄어듭니다. 이 시점부터 대부분 친구가 줄어들고, 다양한 사회적 관계가 줄어들고, 지인들이 아프기도 하고, 또 생을 마치기도 하지요. 그런 과정을 거쳐 최종적으로 중년 이후에 남게 되는 관객은 대부분 가족이 됩니다.

지나온 시절을 돌아봅시다. 예전에는 우리 집에 사람들을 초대하거나 아니면 초대를 받아 남의 집에 간 적이 많았지요. 절친한 친구, 직장 동료, 이웃 주민 등 여러 사람이 문턱이 닳도록 찾아왔던 순간이 있었습니다. 하지만 어느새 문턱은 낡고 가족만 넘나들게 되었지요. 그리고 내 아이들도 각자의 삶으로 떠나게 되면, 이제 문턱은 어느덧 나만 넘나들게 됩니다. 최근에는 그 문턱이 없어지고 로봇청소기만 주변을 맴돌게 되는 상황이 벌어지더라고요.

인생이 연극이라면 그리고 내가 주인공이라면, 나이 들수록 관객은 내가 결정해야 할 겁니다. 그래야 관객 앞에서 어떤 열연을 할 것인지 새로이 결정할 수가 있지요. 막춤을 추더라도 내 춤을 추는 그때가 바로 중년입니다.

중년의 연극은 어때야 하는가?

중년의 연극에서 새로 관객을 맞이할 때 먼저 생각해야 할 점은 무엇일까요? 우선 관객의 규모가 줄었다는 사실을 인정해야 합니다. 관객에 대한 기대를 낮출 필요가 있습니다. 내가 아무리 우기고 울어도 떠나는 관객을 붙잡을 수는 없다는 것과 붙잡았던 관계도 약해진다는 사실을 받아들여야 합니다. 스스로 엄청나게 많은 사회적 관계를 형성하고 있다고 생각할 수 있습니다. 그러나 사실 예전만 못합니다. 차라리 솔직하게 인정해야 합니다. 중년 이후 내게 오는 사람들, 나와 함께하는 사람들의 폭이 좁아졌다는 것을 말이지요. 비유하자면 나의 연극에 관객은 줄어들었다는 것을 인정하고, 무대를 대극장에서 소극장으로 옮겨야 한다는 거죠.

다음으로 연극에서 내가 맡은 역할이 무엇인지 알아야 합니다. 내 인생이 달려있는데, 적어도 내가 어떤 역할을 맡았는지, 어떤 연기를 해야 할지, 연극의 주제(인생의 주제)가 무엇인지는 알고 있어야 하잖아요. 그러니 아래의 질문에 답을 해보세요.

- 지금까지 내 인생의 가장 대표적인 단어, 키워드*keyword*는 무엇인가?
- 내가 이제까지 열연했던 주제를 계속 이어갈 것인가?
- 아니면 다른 주제를 찾아서 새롭게 연기를 시작할 것인가?

기존과는 다른 새로운 주제로 바꾸는 것도 함께 고려해야 합니다. 흔히 중년 이후의 삶을 '인생 2막'이라고 이야기하는 이유입니다. 인생 1막이 영화로웠던 시절이었다면, 인생 2막은 그야말로 '찐팬들'의 모임'입니다. 인생에 대한 고백이 이어지는 나만의 독백 무대가 될 것입니다. 인생 2막에서 나는 어떻게 나만의 연기를 펼칠 수 있을까 상상해보며 나를 주제로 연기를 해볼 것을 제안하고 싶습니다. 중년에 나만의 연기를 펼쳐보는 것이야말로 본격적인 시작이라 생각합니다. 더불어 나만의 연기를 위해 5가지 행동 강령을 알려드리도록 하겠습니다. 일명 '나만 주인공'입니다.

나. 만. 주. 인. 공, 5가지 행동 강령

'나만 주인공' 이 5개의 글자로 어떻게 인생 2막에 새로운 주연으로서 활동할 수 있을지 살펴보도록 하겠습니다.

첫째, '나가라'입니다. '나가라'는 건 활동이 줄어드는 중년에 시도해야 할 역전의 방식입니다. 활동의 영역을 내가 선택하는 쪽으로 넓혀가자는 거지요. 사람은 자기 안에 갇혀버리면 옹졸해집니다. 내면이 멈춰버리면 그야말로 시간의 정지를 경험하는데, 그건 나 혼자만의 정지일 뿐입니다. 세상은 오히려 더 빠르게 흘러갑니다. 시대의 역동을 읽을 수 있는 유일한 방법은 '나가야' 알 수 있습니다.

● 진짜를 강조하는 은어 '찐'과 팬의 합성어.

물론 나가는 데에 다양한 문제가 있을 수 있습니다. 코로나 같은 유행 질환이 돌거나, 개인적인 건강의 문제라든지, 아니면 못 나가게 하는 사람이 있을 수도 있지요. 이런저런 다양한 이유로 나갈 수 없다면 문자나 SNS를 이용하는 방법도 있습니다. 유튜브도 있고 온라인 모임에 들어가는 방법도 있습니다. 나의 세계를 확장하는 방법은 '나가라'이지만 반드시 몸이 나갈 필요는 없는 거죠. 할 일이 있거나 약속을 만들어 나가라는 뜻도 아닙니다. 나가는 데 꼭 이유가 있어야 하는 건 아니라는 말이지요. 그냥 나가세요. 약속이 없어도 하루에 한 번은 나가시기 바랍니다. 갈 곳이 없어도 옆 동네에 가서 역으로부터 세 번째 전봇대를 찍고 돌아오세요. 즉, 나만의 장소를 정해서 그곳까지 다녀오라는 말입니다. 가능하면 밖에 나가라고 하는 이유가 있습니다. 먼저 나가기 전에 기본적인 자기 관리를 하게 되지요. 옷을 입고 거울도 한 번 보고요. 머리를 감지 않으면 모자라도 쓰게 되지요. 그렇게 밖으로 나가면 운동도 되지만, 오가는 길에 세상 정보를 보게 됩니다. 사람들의 옷, 운동화, 가방, 표정, 걷는 속도, 나와 비슷한 연령대 사람들, 광고, 자동차, 하다못해 계절과 날씨라도 알 수 있습니다. 밖에 나가는 순간 모든 것이 정보가 됩니다.

두 번째 '만나라'입니다. 누군가를 만난다는 것, 누군가가 나에게 온다는 것은 그의 과거와 현재, 그리고 미래, 그의 일생이 온다는 정현종 시인의 시구가 있습니다. 두 우주의 거대한 만남이 시작된다고도 할 수 있습니다.

어디 그뿐인가요. 타인의 삶을 만난다는 건 마치 인생의 모험과도 같습니다. 우리가 내 얘기도 아닌 남의 이야기임에도 영웅 신화에 열광하는 이유가 여기에 있습니다. 많은 영웅 신화에는 공통적인 특징이 있는데요. 바로 영웅들의 인생 곡선입니다. 내로라하는 집안에서 훌륭하게 태어났던 사람이 밑바닥까지 떨어지는 경험을 했다가 다시 원래의 고향으로 돌아오는 겁니다. 그런데 그가 원래의 고향으로 돌아올 땐 형편없었던 과거와 다르게 훌륭한 사람, 곧 영웅으로 거듭나있습니다. 이게 바로 영웅 서사의 일반적인 플롯인데, 이를 통해 우리도 새로운 삶을 선택하고 새로운 지평을 향해 나아가야 한다는 것을 배울 수 있습니다. 이것이 영웅 서사가 우리에게 주는 일종의 교훈입니다. 지금의 고생이 후에 어떻게 기능하는지 상징적으로 또 대리 경험을 통해서 알려주는 것이죠.

하지만 실제의 삶은 영웅 서사와는 다르지요. 우선 영웅들과 달리 별 볼 일 없는 출생으로 태어나 공부도 하고, 직장도 다니고, 결혼도 하면서 인생 정점으로 조금씩 올라갑니다. 이 정점이 바로 오십(중년)입니다.

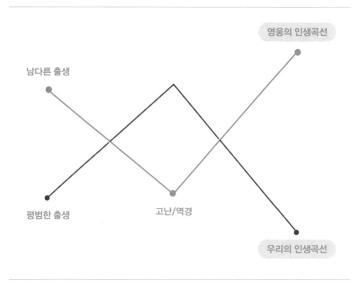

영웅의 인생 곡선과 평범한 사람의 인생 곡선 비교

    오십까지 올라가면 하루해가 저무는 듯한 쓸쓸함이 시작되지요. 이때부터 나이는 먹고, 아이들도 떠나고, 직장도 끝나고, 건강도 나빠지고, 경제적인 수입도 줄어들면서 내리막의 길을 겪는 듯한 기분을 느낍니다. 헤라클레스나 페르세우스, 길가메시와 같은 영웅들의 그래프가 위에서 출발해서 아래로 떨어졌다가 다시 위로 올라가는 것과 달리, 우리는 아래에서 시작해서 위로 향하지만 다시 떨어질 수밖에 없는 쓰라린 운명을 가진다는 말입니다. 서로 다른 인생의 곡선을 가졌음에도 불구하고 우리가 영웅들의 이야기를 읽는 이유는 딱 하나입니다. 우리도 어쩌면 영웅처럼 살 수 있지 않을까. 올라가다가 아래로 꺾이는 선이 아니라 유지하는 선 혹은 더 상승하는 선을 만들 수 있지 않을까 하는 마음에서 영웅 서사의 다음 페이지를 넘기며 읽는 것이죠.

그렇기에 '만남'은 단순히 지인을 만나라는 것이 아닙니다. 내 인생의 곡선을 상승시킬 수 있는 인연과 만나라는 겁니다. 그리고 그 만남은 내가 적극적으로 참여해야 만들어지는 것입니다. 타인의 삶에 참여하고, 다른 공동체에 들어가고, 문화적 덩어리에 한 부분이 되면서 새로운 영역들과 끊임없이 상호 관계를 갖는 것을 말합니다. 그 참여를 선택하자는 의미입니다.

세 번째, '주인공처럼 웃어라'입니다. 인생은 멀리서 보면 희극, 가까이 보면 비극이라지만, 연극에는 비극 서사도 있고 희극 서사도 있습니다. 또한 인생은 연극과 달리 비극의 서사이건 희극의 서사이건 무대가 끝나지 않지요. 지금도 우리는 인생의 무대 위에 올라있으니까요. 그래도 내 인생의 무대는 희극이었으면 좋겠습니다. 우리도 주인공처럼 마지막 순간에 통쾌하게 웃었으면 좋겠다는 말입니다. 해피엔딩을 맞고 싶은 게 모두의 소망이고 꿈이잖아요. 그렇다면 우리가 할 수 있는 일은 지금부터 웃는 것입니다. 지금부터 나의 관대함을 보여주고, 내가 가지고 있는 삶의 비전을 실현해보는 것입니다. 마지막에 웃기를 기다리고 있는 게 아니라 미래의 비전을 실현했을 때의 미소를 지금 가지고 오는 것이지요.

주인공처럼 웃어야 하는 또 하나의 이유는 심리적 장벽을 낮추기 때문입니다. 상사의 웃음이 부하 직원에게 어떤 의미인지 알 겁니다. 그처럼 인생 선배인 윗사람의 웃음은 아래 세대와의 소통에 매우 중요한 역할을 하지요. 나중에 웃기보다 지금 주인공처럼 웃고 지금 젊은 세대들과 함께 소통하세요. 지금 그 웃음이라는 맥락을 통해서 새로운 세대들과 접점이 우리 2막에 더없이 중요한 시작점이 될 것입니다.

네 번째, '인사하자'입니다. 나이가 들면 점점 목이 뻣뻣해지죠. 목디스크 때문일까요? 신체의 목뼈는 굳을지라도 마음의 고개에는 디스크가 오면 안 됩니다. 좋은 어른의 특징은 관대함만 있는 게 아니라는 걸 알아야 합니다. 흔히 '모범이 되어라, 솔선수범하라'는 말이 있는데, 인격적 솔선수범이 필요합니다. 인사를 받는 게 아니라 청년들에게 다가가 먼저 인사하고 젊은층들에게 먼저 질문해 보세요. 이게 바로 인사의 포괄적인 의미라고 생각하시면 됩니다. 중년이 되어 삶이 무르익으면 무시당하는 게 참으로 부끄럽습니다. 그럴 때 우리가 제일 먼저 해야 할 것이 바로 솔선수범입니다. 대접을 받으려면 남을 먼저 대접해야 되고 인사를 받고 싶으면 먼저 인사하는 것이죠. 익숙하지 않아도 꼭 실행하시길 바랍니다. 마치 무대 위에 선 배우들이 극중 원치 않는 대사가 있어도 연기를 하는 것처럼 인생에서도 필요하다면 해야 하는 것이 있죠.

이걸 심리학에서는 '페르소나*persona*'라고 부릅니다. 페르소나는 고대 그리스에서 연극이 유행하던 때에 무대에 설 수 없었던 여성을 대신해 여자 역할을 맡은 남자들이 얼굴에 썼던 '가면*mask*'을 말합니다. 요즘은 일상에서 사회적 역할이 필요할 때 쓰는 사회적 얼굴을 페르소나라고 합니다. 사회적 가면인 페르소나는 역할에 따라 많을 수도 있고 바뀔 수 있습니다.

이제까지 직장에서 과장, 부장, 사장 등 페르소나를 쓰고 살았다면 이제 사회는 중년에게 직책을 원하지 않습니다. 부장의 역할이 끝나면 더 건강하고 아름다운 중년의 역할을 요청하는 것이지요. 엄마의 이름으로 살아왔던 여성도 마찬가지입니다. 아이들이 모두 성장하고, 각자의 삶을 살면 사회는 더 이상 엄마가 필요하지 않습니다. 나의 삶을 발견하는 제2막 중년의 주인공이 필요한 것이지요. 새로이 등장하는 인물은 '인사'로 자신을 선보입니다. 중년 이후의 새로운 나를 늘 인사로 알리기 바랍니다. 신인배우는 대상과 장소를 가리지 않고 달려가 자기를 어필하지요. 자, 제2막이 올랐습니다. 우리는 모두 신인배우입니다.

다섯 번째, '공부하자'입니다. 뭐든 좋습니다. 한 가지에 집중해서 공부해보세요. '공부'라는 행위 자체는 나의 자신감을 높일 뿐만 아니라 다른 세대와 소통이 가능하게 합니다. 새로운 영역의 지식을 넓히는 기쁨도 주고요. 한 영역에서 오래 일을 했던 사람이라면 공부가 더 쉬울 수도 있습니다. 이를테면, 고구마 농사를 오래 지어본 사람이 감자밭에 가서 쟁기를 대어보면 대충 안다고 합니다. '감자밭 농사는 어떻고, 이런 점이 고구마와 다르구나' 이렇게요. 처음 입문이 어렵고, 영역이 달라서 그렇지, 프로는 다른 쪽에서의 프로가 될 가능성이 대단히 높습니다.

이제 우리는 '나, 만, 주, 인, 공.'을 생각해봅시다. 주인공이 된다면 얼마나 그 배역을 연구하고, 연습하고, 무대를 머릿속에 반복적으로 떠올릴까 고민해보세요. 나가고. 만나고. 주인공처럼 웃고. 인사하고, 공부하는 것. 이것만 실천하더라도 중년 제2막에 가장 아름다운 첫 서막이 될 것입니다.

2장

나이 들수록

가족과 돈독해지기 시작했다

장성한 자녀와 당당하게 멀어져라

'자녀를 독립시키는 엄마들은 빈 둥지 증후군을 겪는다'는 말이 있습니다. '빈 둥지 증후군*empty nest syndrome*'은 사람마다 다른 특징을 가지지만 대표적으로 나타나는 증상이 우울감과 공허함, 절망감입니다. 신체적인 특징으로는 밥맛이 떨어지고, 아무것도 하기 싫고, 무기력해지는가 하면 눈물이 나기도 합니다. '이제 어떡하지? 나는 이제 뭐지?' 허무함과 막막함의 눈물입니다. 특히나 빈 둥지 증후군은 중년 여성의 경우 완경기와 함께 겹치는 경우가 많습니다. 빈 둥지 증후군, 우울증, 완경기 증상이 한꺼번에 나타나는 경우가 많아 그 경계가 모호합니다.

● 자녀가 독립하여 집을 떠난 뒤에 부모나 양육자가 경험하는 슬픔, 외로움과 상실감을 의미한다.

육아는 어떤 방식으로든 부모의 에너지와 열정, 경제적인 부분을 꾸준히 계속 투자하는 과정입니다. 그 투자를 우리는 '사랑'이라고 부르지요. 이 사랑이 지나치거나 방향이 잘못되면 집착이나 강박적으로 변하게 됩니다. 그렇지만 분명한 건 아이를 키우는 과정에서 빈 둥지 증후군은 언제든지 발발 가능한 상태, 기회만 된다면 튀어나올 준비가 되어있다는 것입니다.

모든 부모는 강약의 차이가 있을 뿐, 대부분 아이를 낳는 순간부터 강박증 환자와 비슷해집니다. 모든 감각을 동원하여 24시간 내내 아이들에게 집중하고, 몰입하죠. 그 시간을 거쳐, 학교에 가고 아이가 성인이 되어서까지도 자식에 대한 걱정과 불안은 진자리와 마른자리를 가리지 않습니다. 이 기간이 20~25년 정도 지속되었고, 긴 시간 동안 품에 끌어안고 있었기에 아이가 독립하고 떠나버리게 되면 빈 공간이 이루 말할 수 없이 서늘하고 심장까지 비어버리는 것이지요. 이것이 바로 '빈 둥지 증후군'입니다.

빈 둥지 증후군, 신화와 실제의 간극

보통 '증후군*syndrom*'이라는 말은 기본적으로 질병이 아닙니다. 어떤 증후들이 나타나는 현상들을 묶은 것이죠. 특정한 현상들이 어떤 말과 연관되어 이해되느냐에 따라 사회적인 현상으로 표현되거나 의료적인 질병으로 분류될 수도 있습니다. 빈 둥지 증후군은 흔히 주부우울증, 한시적인 우울감이라 볼 수 있습니다. 질병은 아니기에 증후군이라고 불립니다. 하지만 잠이 오지 않고 눈물만 나거나, 입맛이 떨어져 음식을 삼킬 수 없고, 아무도 만나고 싶지 않은 증상이 2주 이상 지속되는 경우에는 질병으로 분류할 수 있습니다. 현재 이런 증상을 겪고 있다면 상담을 권합니다. 요즘에는 각 지역에 건강가정지원센터와 정신건강복지센터 등에서 좋은 전문가들이 무료로 혹은 유료로 상담 서비스를 제공하고 있으니 참고해주세요.

빈 둥지 증후군을 심각하게 앓는 사람들을 조사해보면 이전에 우울증을 앓았던 사람의 비율이 높았습니다. 산후우울증이건 산전우울증이건 생애에 우울증 경험이 한 번이라도 있었던 사람이 빈 둥지 증후군을 앓는 경우가 꽤 있다는 말이지요. 혹시 전에 우울증 이력이 있었다면 빈 둥지 증후군이다 싶을 때 일단 병원을 찾아보시길 권합니다. 흔히 우울증을 마음의 감기라고 비유하잖아요. 우울감은 누구나 느낄 수 있지만, 우울증까지 가는 경우는 많지 않습니다. 그런데 많은 사람이 우울증을 마치 모두가 겪는 것처럼 느끼기도 합니다. '빈 둥지 증후군'이라는 말 또한 마찬가지입니다.

빈 둥지 증후군을 겪지 않은 95%의 사람들

나의 사춘기 시절을 돌아봅시다. '나는 사춘기를 아주 제대로, 혹독하게 겪었다. 나 때문에 엄마, 아버지가 내 걱정을 하느라 일상이 제대로 돌아가지 않았다'라고 말할 수 있는 사람인가요? 있을 수도 있을 겁니다. 하지만 제가 중고등학교를 다니던 시절, 한반에 60~70명들 중 혹독하게 사춘기를 보내는 친구는 2~3명 정도밖에 되지 않았습니다. '빈 둥지 증후군'도 마찬가지입니다. 누군가는 혹독하게 몸부림을 치면서 앓을 수도 있지만 의외로 그 수는 많지 않습니다. 미국에서 1999년부터 지금까지 쭉 이어오고 있는 '성공적인 중년 발달에 관한 맥아더재단 연구 네트워크'가 있습니다. 10년 동안 8천 명의 미국인 중년들을 중심으로 발달과 변화를 관찰해온 연구인데요. 놀랍게도 그 가운데 빈 둥지 증후군을 앓고 있다고 판단할 수 있는 사람은 불과 5% 이내였습니다.[13]

나머지 95%는 오히려 홀가분했다거나 그냥 별일 없었다고 말했지요. 우리나라 또한 마찬가지입니다. 중년 발달에 관련된 연구 중에서 병리적인 부분을 다루는 논문들은 빈 둥지 증후군을 이야기합니다. 그렇지만 일반적인 중년을 다루는 연구에서는 오히려 빈 둥지 증후군에 관련된 연구가 적습니다. 많지 않기 때문이에요.

빈 둥지 증후군을 느끼지 않는 95%의 사람들. 그들이 실제 느끼는 것은 '설렘'을 포함한 '자유'의 느낌이었습니다. "아이들이 독립하니 빈자리가 허전하긴 하지만 오히려 자유로워졌다"는 의견이 꽤 많다는 거죠. 제2의 직업을 가지려고 한다거나, 제대로 된 다이어트, 그동안 못 갔던 여행이나 공부를 계획하는 분들도 많습니다. 흔히 우리가 이야기하는 중년 이후의 계획들, 인생 2막이 그때부터 실현되기 시작하는 거죠.

"아이들이 떠나가면 빈 둥지 증후군을 겪습니다." 어쩌면 우리는 이런 얘기를 많이 들어서 나도 겪어야 할 것 같은 생각을 가지는지도 모릅니다. 또 누군가 "너 빈 둥지 증후군 아니야?" 하고 나에게 이름표를 붙여줬을지도 모르지요. 하지만 빈 둥지 증후군이다, 아니다를 가리는 건 큰 의미가 없습니다. 내가 빈 둥지 증후군이 심각하다면 당연히 병원에 가서 진료를 받아야죠. 그러나 그게 아니라면, 아이들이 떠나간 자리를 무엇으로 채울 것인가, 고민해보는 것이 중요합니다. 그 자리를 새로운 것으로 채우거나, 무언가를 창출해내거나, 해석해내는 과정이 꼭 필요합니다.

빈 둥지를 슬기롭게 이용하는 법

로마에 가면 교황이 통치하는 바티칸 시국이 있습니다. 그 바티칸 시국 안에 매주 미사가 열리는 시스티나 성당이 있고, 시스티나 성당의 본당 천장을 장식하는 프레스코화는 늘 우리를 압도합니다. 바로 그 유명한 미켈란젤로Michelangelo의 천장화 〈천지창조〉입니다. 그 그림들 한가운데 〈아담의 창조〉 그림이 있습니다. 젊은 아담이 나이 든 조물주와 손가락을 서로 맞닿을까 말까 하는 그림이지요. 미켈란젤로는 미술가이지도 했지만, 신학자이기도 했습니다. 서로 손을 맞대고 있는 것 같지만 떨어져 있는 이 공간은 미켈란젤로가 천지창조에 대한 나름의 성서해석을 그림에다가 투영한 것이라 볼 수 있습니다.

미켈란젤로의 그림에서 신과 인간은 영화 〈ET〉에서 E.T와 인간처럼 손가락이 닿는 게 아니라 떨어져 있는 관계입니다. 손가락 사이의 공간은 신이 우리에게 허락한 공간입니다. 해석과 창조, 재생산의 공간인 것이죠. 부모와 자녀의 관계도 이와 비슷합니다. 약간은 떨어져 있지만, 서로의 손을 맞대고 있는 상태. 자녀와 부모 사이의 공간은 빅뱅과 같은 새로운 창조의 공간이라고 생각해도 무방합니다.

'비어있는 공간' 중 어디에 방점을 둘지는 선택에 달려있습니다. '떠남'에 방점을 둘 것인가, '자유'에 방점을 둘 것인가. 저의 생각은 이렇습니다. 둥지는 아이들을 키울 때 필요한 것입니다. 그 둥지가 비었다면 순간 허무할 수 있습니다. 그렇지만 원래 새는 자유로운 존재지요. 드높은 하늘을 바라보며 이 시기에 무엇을 해야 자유로운 삶을 살 수 있을지 고민해볼 수도 있습니다. 아이들이 떠난 것일까요? 아니면 내가 떠나고 있는 것일까요? 시선을 거기에 집중하는 것입니다.

빈 둥지를 슬기롭게 이용하는 3가지 세리머니*ceremony*를 소개합니다. 첫 번째, 빈 둥지 기념 촬영을 해보세요. 저는 아이들의 독립 시점마다 반드시 기념사진을 남깁니다. 아이가 취업했을 때, 독립했을 때, 결혼했을 때마다 가족사진을 하나씩 찍는 것이죠. 이것은 '이제 우리는 또 다른 영역으로 넘어간다'는 가족만의 세리머니입니다. 아이가 독립할 때 같이 찍는 사진은, 아이에게는 떠난다는 걸 부모에게는 보낼 준비가 됐다는 걸 알리는 일종의 신호탄이 될 겁니다.

두 번째, 떠나는 자녀에게 선물할 앨범을 만들어주는 것입니다. 동시에 부모도 사진 정리를 하면서 과거를 되새겨보세요. 심리학에서는 '통합성'이라는 개념이 있습니다. 어떤 신념이나 생각에 있어서 그 생각의 구성 요소들이 모순적이거나 갈등적이지 않고 의미 있게 서로 연결되어 통합적으로 기능하는 것이지요. 좋은 기억이든 나쁜 기억이든 모두 연결되어 '이 과거가 나쁘지 않았어'라고 하는 통합성의 개념으로 승화되는 것입니다. 기억이 정리를 통해 기쁨으로 재구성되는 것이지요.

세 번째, 버킷리스트를 만들어보세요. 영화 〈버킷리스트〉에서는 2명의 노인이 죽음을 앞두고 꼭 하고 싶은 일들의 리스트를 작성해 하나씩 성취해나갑니다. 그런데 죽음을 앞두고 버킷리스트를 만들기에는 너무 늦지 않나요? 여행도 마음 떨릴 때 가야지, 다리 떨릴 때는 못 갑니다. 아이들이 독립하는 그 시기가 정확하게 버킷리스트를 작성하기 딱 좋은 시기입니다. 아이와 부모 모두에게 독립은, 건강한 분리의 과정입니다. 빈 둥지를 슬기롭게 만드는 3가지 세리머니를 꼭 해보시기 바랍니다.

자녀들이 부모에게 원하는 3가지 말

"사는 동안 어떤 사람에게 제일 미안합니까?"라는 질문을 들었을 때 누가 떠오르시나요? 대부분 3명을 고릅니다. 부모, 배우자, 자녀. 그렇지만 중년이 되면 대부분의 부모님은 이미 돌아가신 후입니다. 이제부터 배우자에게 좀 잘해야지 생각하지만 솔직히 내가 잘해줘도 배우자는 나에게 별로 호의적이지 않습니다. 그럼 이제 한 명이 남지요. 우리가 관계에 노력을 기울이고, 수고할 때 그나마 화답을 기대할 수 있는 사람이 바로 자식입니다.

아이가 태어나면 아이들과 놀아줘야 하지만 아이 키우랴, 집안 건사하랴 너무 바쁩니다. 시간이 흘러 아이들이 자라 성인이 되면 이제 아이들이 매우 바빠집니다. 부모와 자식은 몇십 년 동안 이렇게 엇갈려 함께 시간을 보내거나 놀기가 어려워지는 것이지요. 그런데 부모가 중년이 되어 아이들이 독립을 하게 되면 새로운 국면에 접어들게 됩니다. 본격적으로 우리의 인생이 중년 이후로 넘어가면서 나이 들어가는 내 자식들과 새로운 관계로 접어 들어가기 좋은 시기가 온 것이죠.

중년 이후에도 자녀와 좋은 관계를 맺을 수 있을까?

어떻게 하면 중년 이후에 자식들과의 관계를 좋은 방향으로 움직일 수 있을까요. 이 질문에 대답하기 위해서는 먼저 나는 무엇을 제일 후회하는지 생각해봐야 합니다. 대개 우리나라 부모들이 가장 후회하는 것들로 이런 걸 손에 꼽습니다. 소소한 것에 너무 많은 걱정을 했던 것, 바깥일을 너무 열심히 해서 애랑 못 놀아준 것, 휴가 안 간 것, 사진 혹은 영상을 안 찍어놓은 것, 책 자주 안 읽어준 것, 성장하는 순간에 함께 있어주지 못한 것, 운동회 못 갔던 것. 이런 이야기들이지요. 이것만 보면 부모가 대단히 잘못한 것 같죠? 그러나 꼭 그렇지는 않습니다.

"행복한 가정은 다 비슷하지만, 불행한 가정은 저마다 이유가 있다." 톨스토이*Tolstoy*의 소설 『안나 카레니나』의 첫 문장입니다. 자식이 속을 안 썩이면 부모가 속을 썩이고, 부모가 속을 안 썩이면 또 자식이 속을 썩입니다. 부모와 자식과의 관계에서 무조건 한쪽만 옳다, 미안하다, 잘못했다, 잘했다, 판단하기 어렵다는 말입니다. 가족은 상호적인 관계입니다. 물론 상처와 아픔이 누적되어 중년 이후 자식들과 불편한 관계가 되는 경우도 많습니다.

그럼 어떻게 하면 성인이 된 자녀들과 잘 지낼 수 있을까요? 남은 생애를 어떻게 하면 자식들과의 관계를 좋은 방향으로 평안하게 지낼 수 있을까요? 그들은 부족한 부모에게 어떤 이야기를 듣고 싶을까요? 어떤 소통을 하고 싶을까요? 아니 소통을 하고 싶긴 할까요?

지금 당장 자녀에게 해야 할 질문

많은 부모가 '자녀에게 어떤 말을 해주면 좋을까?' 하고 고민합니다. 그러나 이런 생각부터, 아니 문장을 바꾸셔야 해요. "나는 자녀에게 어떤 이야기를 해주면 좋을까?"가 아니라 "내 아이는 나에게 어떤 이야기를 듣고 싶을까?"가 중요합니다.

자녀들은 부모에게 어떤 말을 듣고 싶을까요? 저는 연구를 위해 20세 이상에서 60세까지 130명을 대상으로 인터뷰를 진행했는데 아주 재미있는 결과가 나왔습니다. 그들에게 "부모에게 듣고 싶은 말은 어떤 말인가요?" 물었더니 상당수가 "듣고 싶은 말보다 부모님이 저에게 질문을 했으면 좋겠어요"라고 대답했어요. 부모님이 어떤 말을 해야 할지 고민할 게 아니라 먼저 자녀에게 직접 물어봐달라는 것입니다. "너는 성장 과정에 어떤 얘기가 듣고 싶었니?" "지금은 어떤 이야기가 듣고 싶니?" 이렇게 직접 물어보는 것을 원했던 거죠. 이 질문이 가장 중요합니다. 대화를 이끌어가기 위해서는 상대가 원하는 말을 발견하는 것이 중요합니다.

아이들이 성장기일 때는 대개 목적을 가진 이야기를 해줍니다. 그러나 성장이 끝나고 성인이 됐다는 건, 이미 인생의 길을 함께 걸어가는 동반자가 되었다는 뜻입니다. 이제 성인이 된 자녀에게 물어보세요. 성장기에 어떤 얘기를 듣고 싶었는지, 그리고 지금은 어떤 이야기를 듣고 싶은지. 그것이 함께 살아가는 동반자로서 성인 간의 대화라고 할 수 있습니다.

두 번째로 자녀가 부모에게 가장 듣고 싶은 말은, '고맙다'는 말이었습니다. "잘 커줘서 고맙다", "잘 살아 주어서 고맙다" 같은 말을 원했습니다. 더불어 '자랑스럽다' 말도 듣기를 원했습니다. 인터뷰했던 사람 중에 46세인 인터뷰이가 있었습니다. 그의 부모님은 둘 다 80대였는데, 두 분 다 말이 없고, 엄격한 편이었다고 합니다. 이분은 장남이었고, 여동생이 둘이 있었고요. 그의 아버지는 딸들에게 한 번도 회초리질을 하지 않았지만 아들에게는 말 그대로 거의 폭군에 가까웠습니다. 말도 거칠게 하고, 조금만 잘못해도 필요 이상의 체벌을 받았다고 합니다. 그러한 성장 과정을 거친 후 46세가 된 아들은 이렇게 말하더군요. "저는 한 번도 아버지가 원망스럽지 않았습니다. 저는 장남이니까요. 그런데 아버지가 저에게 딱 한마디 해줬으면 좋겠어요. '네가 자랑스럽다. 우리 집의 자랑스러운 장남이다.' 이 말이 그렇게 듣고 싶었습니다" 그러면서 인터뷰 자리에서 한 40분을 우시더군요. 옆에는 그의 아내도 같이 있었는데, 결혼 생활 20년 동안 남편이 우는 걸 오늘 처음 봤다고 했습니다.

세 번째는 공개 칭찬이었습니다. 다른 사람들이 있는 곳에서 나를 좀 칭찬해줬으면 좋겠다고요. 이는 고맙다는 말과 자랑스럽다는 말을 합쳐 놓은 상황이라 할 수 있습니다. 공식화라는 건 선언이지요. 저는 이것이 사랑의 선언이자, 지금까지의 기여의 선언이자, 현재 모습에 대한 인정의 선언이라고 봅니다. "잘 커줘서 고맙다, 그동안 고생했다. 네가 정말 자랑스럽다." 이 말을 다른 사람 앞에서 공개적으로 이야기하는 것이죠.

지금 당장 자녀에게 해야 할 말

중요한 것은 3가지 말이 절대 어려운 말이 아니라는 것입니다. 그런데 어렵지 않은 이 말들은 자녀에게 하는 순간 특별한 기능을 하게 됩니다. 첫 번째는 자녀가 자신의 성장 과정을 재해석하고 재평가가 하게 됩니다. 성장하는 내내 거대하게만 보였던 내 아버지와 어머니. 자녀는 부모님에 대해 수많은 감정을 가지고 있습니다. 사랑과 분노, 때로는 상처들이 흉터처럼 남아있죠. 그런데 '고맙다, 네가 자랑스럽다'라는 말을 통해 성장 과정에서 받았던 상처와 생채기들을 재평가하고 재해석할 수 있게 됩니다. 지금 현재의 인정이 과거 부모와 나 사이에 모든 허점과 잘못했던 것들과 실수를 덮어버리게 되는 거죠.

두 번째, 자녀가 가지고 있었던 섭섭했던 기억들이 있습니다. 부모들이 까맣게 잊었던 기억마저도 상처였다고 합니다. 이런 섭섭하고 아픈 기억, 트라우마, 내면의 상처, 내면 아이의 아픔과 고통, 마음의 생채기들이 부모의 말 한마디에 봄눈 녹듯 녹아버리게 됩니다. 이는 자녀의 삶에서 굉장히 중요한 과정입니다.

세 번째, 손자, 손녀, 친척 가장 가까운 사람들 가운데서 자녀를 공개적으로 칭찬한다는 것은, 증언자 역할을 하는 것과 같습니다. 1~2년이 아니라 이 아이가 태어나서 수십 년 동안 그의 평생을 보아왔는데, 이 아이는 너무 훌륭해, 내가 내린 결론은 바로 이 훌륭함이야. 이 고마움이야. 이 자랑스러움이야. 이걸 한꺼번에 묶어서 고맙다는 말과 자랑스럽다는 말과 공개적인 선언으로 진행하는 겁니다.

이러한 고백과 선언이 지금까지 서먹했던 아버지와의 관계를, 헌신한 걸 알기에 섭섭해도 말 못 했던 어머니의 관계를 다시 연결해줍니다. 어쩌면 우리는 그 고백의 순간에 새로운 가족의 탄생을 보게 될지도 모릅니다. 살아오면서 아이들에게 못했던 이야기 많으셨죠? 그것은 아마도 지금까지 살아오며 꼭 해야 하는 줄 알았지만 못했던 이야기일 것입니다. 말하지 않으면 아무도 모릅니다. 세상은 어떻게 될지 누구도 알 수 없습니다. 내일도 어떻게 될지도 몰라요. 지금밖에 없습니다. 내 아이에게 지금 이야기해주세요.

포스트 코로나 시대,
자녀와 어떻게 소통할 것인가

코로나를 겪으면서 모두가 굉장히 놀라운 변화를 겪었습니다. 그 변화 중에는 IT 기술의 발전이 있습니다. 대면할 수 없으니 비대면인 인터넷이 급속도로 발전하게 된 것이죠. 아이들은 학교에 가지 않는 대신 인터넷 줌*Zoom*으로 수업을 듣고 친구들과 만났습니다. 그 과정에서 부모님들은 20세기에 태어난 자신과 21세기에 태어난 자녀들과의 큰 차이를 경험하게 되었을 것입니다. 20세기 인간들이 산업 혁명을 통해서 활자의 시대를 살았다면 21세기 아이들은 IT 혁명을 통해서 영상의 시대를 살고 있기 때문이죠. 아이들은 기본적으로 디지털 기기에 매우 익숙하기에 20세기 활자의 시대를 살았던 부모들과 굉장히 다른 영역에 살고 있습니다.

티칭이 아닌 코칭의 시대

완전히 다른 머리 구조를 가진 자녀들과 어떻게 소통해야 할까요? 이제 일일이 잔소리를 하거나 조언하는 건 끝났습니다. 자녀들도 부모와 똑같은 혹은 더 양질의 정보를 가질 수 있기 때문입니다. 손쉽게 검색을 해서 정보를 얻을 수 있는 시대이자 오히려 부모보다 자녀가 더 많은 정보를 알기도 합니다. 더 많이 아는 자가 지식을 전수하는 티칭*Teaching*의 시대는 이미 끝난 겁니다. 이제는 가능성을 북돋고 도약을 이끌어내는 코칭*Coaching*의 시대이자 부모가 자녀에게 거대한 나침반 역할을 해주는 시대가 되었습니다.

그런 차원에서 저는 자녀교육을 크게 2가지로 나누는데요. 하나는 '거시적 육아'입니다. 아이들의 전망을 바라보는 시선을 거시적 육아라고 합니다. 코칭이라고 할 수 있죠. 반면 흔히 우리가 많이 들었던 육아, 아이들은 이렇게 가르쳐야 한다고 말하는 것들은 '미시적 육아'라고 이야기합니다. 많은 부모님이 아이를 어떻게 키울지 고민을 많이 하죠. 가르치고, 필요한 것들을 제공하고, 칭찬도 많이 하고. 그런데 엄밀히 말하면 부모가 자식을 키우는 목표는 딱 하나입니다. 바로 독립적이고 민주적인 시민으로 이 아이들을 키워내는 겁니다. 이는 우리나라뿐만 아니라 전 세계적으로도 마찬가지입니다. 우리 아이들이 독립적이고 민주적인 시민으로 성장할 수 있도록 돕는 건 부모의 역할이자 동시에 부모가 바로 독립적이고 민주적인 시민이어야 합니다.

따라서 어른이라면, 부모라면 또 인생의 선배라면 인생에서 크게 3가지 물건은 가져야 합니다. 첫 번째 물건은 '시계'입니다. 누가 시키지 않아도 내 인생에 있어서 나의 일주일을, 나의 한 달을, 나의 1년을, 나의 10년을, 그리고 남은 생애를 내가 스스로 목표를 세우고 그 목표에 따라서 일정을 관리하는 능력이 있어야 합니다. 독립적 삶을 유지하는 가장 기본적인 자기 스케줄, 자기 주도성을 의미하는 물건이 시계입니다.

두 번째 물건은 '나침반'입니다. 나침반은 방향을 가리키죠. 내 삶의 마지막 도착지가 어디일지는 아무도 모르지만, 가는 길의 방향이 대략 어떠한지 알고 같이 가자 손 내밀 수 있는 사람이 바로 어른입니다. 부모님들도 자기 삶의 방향을 설정하는 힘을 가져야 합니다.

세 번째 물건은 '지도'입니다. 부모로서 살아가면서 미친 듯이 길을 잃었던 적이 있으시죠. 육아하면서도 주저앉아 울었던 적이 한두 번 아닐 겁니다. 그 순간에 내 마음의 지도가 있어서 길을 찾을 수 있었다면 얼마나 좋았을까 생각하신 적 있으실 겁니다. 나이 들수록 꼭 필요한 마음의 지도를 알려드리고자 합니다. 누구도 나를 위로해주지 않고 스스로 스트레스를 관리해야 하는 부모라는 입장에서 내 마음의 지도 하나쯤은 가지고 있자는 거죠.

부모에게 필요한 7가지 마음 관리법

돌아보면 어떻게 위기를 넘겼나 싶은 순간들이 훅 올라오지요. 다행이다 싶으면서도, 옛날은 어떻게 지났지만, 앞으로의 위기는 어쩌나 싶습니다. 점점 자신은 없어지고, 역할은 커지니 말입니다. 그래서 인생을 맴돌기도 하지만, 한 발 앞으로 내딛기 위해서 어른의 '나 조절법'을 안다면 그것이야말로 마음의 지도가 되지 않을까 싶습니다.

나를 조절하고, 나의 스트레스를 관리하면서 동시에 나를 위로하는 방법은 총 7가지입니다. 한 가지 스트레스에 오로지 한가지 해법만 있다고 생각할 때, 우리는 그 상황을 '인지적 경직성'이 있다고 표현합니다. 반면 한 가지 난관이지만 여러 가지 대안이 있는 경우 '인지적 유연성'이 있다고 말하지요. 적어도 2~3가지 정도 내 마음을 조절하는 방법을 알고 있는 유연한 사람, 그 사람이 바로 어른이고 부모이며 인생 선배일 겁니다.

나를 조절하는 첫 번째 방법은 믿을 수 있는 1인을 만드는 것입니다. 언제든 어떤 마음속 이야기도 말할 수 있는 사람. 내가 말할 때마다 괜찮다 공감해주고, 조언까지 해줄 수 있는 사람. 이런 사람을 찾으시길 바랍니다. 하지만 그런 사람을 찾기 어렵다면 두 번째 방법이 있습니다. 상상의 멘토를 만드는 것입니다. 나에게 어떤 일이 닥쳤을 때, 이 사람이라면 어떻게 할까, 이 사람이라면 어떻게 말하고, 대처하고, 행동할까? 머릿속에 떠오르는 멘토가 있으면 너무 좋다는 거죠. 이를테면 아동 상담에는 오은영 박사님, 반려견 상담에는 강형욱 선생님, 그리고 가족과 중·노년 상담에는 이호선 교수님 이렇게 나뉘어 있거든요. 제 마음대로 나눴지만요. 내 아이가 이럴 때 오은영 박사님이라면 어떻게 할까? 우리 강아지가 이럴 때 강형욱 선생님은 어떻게 행동할까? 우리 가족에게 문제가 있을 때 이호선 교수는 어떻게 이야기할까? 머릿속에 이런 사람들, 나를 도와주고 이 상황을 해결하도록 도움을 줄 수 있다고 생각하는 사람을 떠올린다면, 여러분은 상상의 멘토를 가지고 있는 것이지요.

이렇게 조언과 해결이 필요할 때가 있지만, 베갯잇을 적시며 울만큼 감정적으로 스트레스를 받았을 때는 공감과 위로가 필요합니다. 저는 속상한 일이 있으면 무조건 집에서 걸어서 15분 떨어진 카페에 갑니다. 카페에 가서 와플을 먹어요. 속상할 때마다 그 카페에 가서 와플을 먹습니다. 이렇게 하다 보면 나중에 속상할 때 그 카페만 떠올려도 위로가 됩니다. 이렇듯 세 번째 방법은 위로 장소를 찾는 것이고, 네 번째 방법은 위로 음식을 찾는 것입니다. 마음 근육은 이렇게 단련하는 거예요. 자신만의 위로 장소와 위로 음식을 꼭 가지시길 바랍니다.

다섯 번째는 위로 노래를 찾는 것입니다. 위로 노래도 너무나 중요해요. 나와 함께 울어주는 노래도 좋지만, 나를 살려주는 노래, 나를 일으키는 노래가 있습니다. 이를테면 저는 딕펑스의 '비바청춘'을 좋아해요. 이렇게 내가 좋아하는 노래, 나를 일으키는 노래가 하나쯤은 있는 것. 그래서 누구의 도움도 없이 스스로 문제나 감정을 털어버리는 게 바로 부모가 해야 할 일입니다.

여섯 번째는 바로 도움을 청할 용기입니다. 스스로 해결하는 것도 좋지만, 모든 걸 짊어지는 것보다 거절을 무릅쓰고 도움을 청할 용기를 가지시면 좋겠습니다. 용기를 내고 문턱을 넘는 경험을 누군가 해야 한다면, 그걸 해내는 사람을 우리는 '어른'이라고 하겠지요. 거절당해도 안 죽는다는 걸 알고 있는 우리가 애들 앞에서 보란 듯이 누군가에게 묻고 요청하면서 자식들도 도움을 청할 용기를 갖도록 모델이 되어주었으면 좋겠습니다.

마지막 일곱 번째는 바로 감사 습관을 갖는 것입니다. 오늘 아침부터 지금까지 나에게 있었던 감사한 일들을 손가락으로 꼽아보세요. 그리고 그 행동을 꼭 아이들 보는 앞에서 반드시 하시기 바랍니다. '엄마는 오늘 이게 정말 감사하다. 넌 어때?' 어린아이들이건 다 큰 자식들이건 '가진 것을 헤아리는 능력'을 갖게 도와주자는 겁니다. 미성숙한 이들이 없는 것을 불평하고, 성숙한 이들이 가진 것을 살필 줄 아는 능력을 가진다는 걸 우리는 잘 알고 있으니 말입니다. 성숙도 학습됩니다. 부모의 모습을 보고 아이들도 부모의 형태를 그대로 모방하게 될 테니까요. 이렇게 7가지 방법으로 어른으로서, 부모로서, 그리고 인생 선배로서 나 자신을 관리하고 조절하고 위로하는 방법을 가지시기 바랍니다.

부모가 가져야 하는 3가지 콘텐츠

자식에 물려줄 유산 좀 있으신가요? 집이라도 한 채 물려주려고 평생 허리띠를 졸라매고 각종 재테크 정보를 눈을 부릅뜨고 살피는 경우 많지요. 그러나 이제 부모나 자식이나 서로 오래 사는 세상에 뭘 물려주지는 못해도 짐이나 되지 않으면 좋겠다는 생각들 많이 하실 겁니다. 물론 나이 들어 비참하게 살고 싶지 않은 심정도 당연히 있지요. 누군들 가난하고 싶을까요? 열심히 살아온 자리가 여기인 걸요. 다만, 누군가는 부자 부모 혜택을 받고 살아도 우울감과 불만감에 비뚤어지고, 또 누군가는 힘들고 어려운 성장환경 속에서도 인생을 꽃피우는 사람들이 있지요. 어떤 차이 때문에 이들은 서로 다른 결과를 만들어낸 것일까요?

그건 부모들의 성실성과 마음가짐을 통해 얻은 마음의 유산에서 비롯된 것일 가능성이 있습니다. 부모가 모범이 되지 못하는 경우, 자신만의 신념을 자기만의 유산으로 만들어 삶을 살아가기도 하지요. 그런 경우 역시 남 부럽지 않고 만족감 높은 삶을 살게 되지요. 매우 긴 삶을 살아가야 할 우리 아이들과 후배들에게 스스로를 돌보면서, 동시에 삶의 만족감을 창출할 새로운 콘텐츠를 전해야 합니다.

눈으로 보이지 않기에 어디서도 검색할 수 없고, 다른 사람들은 갖지 못하고 경험할 수 없는 부모만의 콘텐츠를 물려줘야 합니다. 저는 부모님들이 3개의 콘텐츠를 가져야 한다고 이야기합니다. 가장 첫 번째 콘텐츠는 바로 '핏줄 콘텐츠'예요. 다른 가족, 다른 사람들을 보면 훌륭하고 본받을 점이 많은데, 우리 가족을 보세요. 어떠신가요? 우리 가족은 참 별 볼 일 없지요. 지독할 정도로 평범해서 눈을 씻고 찾아도 유명인 하나 없고 남다르고 특별한 콘텐츠를 가진 것도 없다고 생각하실 겁니다. 돌아볼수록 볼품없다는 생각이 들기도 하고, 불평하는 아이들의 뒷모습을 보며 약이 오르기도 하지만 미안한 마음도 웅덩이 물 고이듯 한 구석에 자리합니다.

그러나 잘 생각해보세요. 인간은 누구나 살면서 어려운 고비가 있기 마련입니다. 그리고 성인이라면 누구나 고비를 넘겨본 경험이 있고요. 어쩌면 우리는 위기를 넘긴 자들이자 위기를 대비한 자들이고, 고통의 잔도 마셨으나 낙관의 시선도 가지고 있는 사람들이지요. 그러니 내 자녀에게 이렇게 이야기해주세요. "엄마가 어릴 때 이런 일이 있었는데 이렇게 극복했어. 아빠가 이런 일이 있었는데 이렇게 극복한다고 하더라고. 네 할아버지가, 네 할머니가, 네 증조모가, 네 증조부가 이런 일을 이렇게 극복하셨다더라. 우리 집에는 극복의 DNA가 있는 것 같아. 이 양쪽 집안의 극복 DNA를 물려받은 게 바로 너야." 자녀가 어리건, 성장했건 상관없습니다. 듣지 못했던 새로운 가족 이야기 속에서 자신의 뿌리를 찾게 하자는 겁니다.

주변에 부모가 없는 순간에도 자녀가 자부심을 가지도록 해주세요. 어리건 나이가 들건 내 아이들도 넘어지고 미끄러지고 울며 몸부림치는 순간들을 맞을 겁니다. 우리도 겪었던 그 순간들을 어떻게 극복했는지, 그 순간이 아직 오지 않았다면 어떻게 극복할 수 있는지에 대해 나의 이야기, 배우자의 이야기, 할머니 할아버지, 이모, 삼촌, 고모의 이야기를 통해 말해주세요. 세대가 이어지는 우리집만의 독특한 이야기를 손주에게 말하듯이 할아버지, 할머니의 목소리로 들려주세요. 이미 우리 가족 안에 무의식으로 면면히 흐르고 있는 정신적인 족보를 알려주는 것이지요. 자녀가 가진 것 안에서 일어날 수 있는 힘을 주는 것, 그게 바로 가족 역사 콘텐츠이자 핏줄 콘텐츠라고 할 수 있습니다. 또 자녀가 성장과정 중 기억하지 못하는 순간에 일어났던 작고 큰 극복 경험들을 설명하며, 네가 얼마나 멋지게 극복해내는 아이였는지, 성장한 지금도 그리고 앞으로도 잘 극복할 수 있는 아이인지 이야기해주세요. 네가 가진 그 힘에는 우리 가족 역사 안에 새겨진 DNA 덕분이라는 걸 꼭 상기시키길 바랍니다. 자녀는 어느 순간 가족 자부심과 자기 속에 있는 회복탄력성을 발굴하게 될 겁니다.

두 번째 콘텐츠는 바로 '문화 콘텐츠'입니다. 다른 가정과 구별되는 우리 집만의 특수성을 만들어내는 것입니다. 그렇다고 해서 문화 콘텐츠가 대단한 것이 아닙니다. 우리가 누구인가요? K-POP을 통해 한국의 독특성을 만방에 알린 이들이지요. 어디 K-POP 뿐일까요, 우리는 너나없이 저마다 독특한 문화집결체입니다. 가정은 더욱 그렇지요. 우리집만 가진 색깔, 냄새, 정리방법, 서열, 예절, 시간, 공간 등 같은 평수 아파트에 산다 하더라도 똑같은 집은 하나도 없지요. 우리는 저마다 우리의 세계를 만들어가고 있었던 겁니다. 다만, 이런 독특성이 아이들에게 자부심이 되도록 변환기 역할을 할 필요가 있지요.

저는 문화 콘텐츠를 꼽으라면, 가장 대표적으로 음식 문화를 꼽습니다. "우리 집은 이거 먹어. 우리 집은 명절에 이거 먹어. 우리 집은 생일에 이거 먹어. 우리 집은 항상 이거 먹어." 음식이라는 게 대단하지 않은 것 같지만 다른 집과 구별되는 우리 집만의 의례 아이템, 우리 집만의 콕 집을 수 있고 훅 떠오르는 바로 그 음식이 있다면, 여러분은 문화 아이템을 가지고 계신 겁니다. "우리 집은 이거 먹어"라고 하는 우리 가족만이 가진 독특성에는 힘이 있습니다. 내 아이들은 또 다음 세대에게 그 이야기를 하게 될 거예요.

저희 집에 있는 문화 콘텐츠는 바로 잡채입니다. 생일과 명절이면 어김없이 잡채를 상에 올렸지요. 제가 2022년에 간단한 수술 때문에 병원에 잠깐 입원한 적이 있었습니다. 그런데 하필 제가 입원하는 동안 아들의 생일이 있었어요. 생일 당일에 아들이 저에게 문자를 보냈는데요. '어머니, 잘 키워주셔서 감사합니다. 그런데 어머니 올해 제 생일엔 잡채가 없네요'라고 보냈더라구요. 매년 생일마다 잡채를 먹었던 무의식적 기억이 올라온 것이지요. 올해는 무엇이 달랐는가를 생각하면서, 잔칫상 혹은 생일상에 '당연히' 올라왔던 잡채가 떠올랐던 거지요. 저희 아이들은 생일이 됐을 때 잡채가 올라오지 않는 것만으로도 제 생각을 하더라는 겁니다. 고맙지요. 동시에 아이들은 우리 집의 문화를 기억하게 되는 거죠. 아무것도 아닌 간단한 이야기지만 새로운 문화적 역사를 시작할 수 있습니다. 앞으로 살아갈 날이 훨씬 길고 긴 시간 속에 지금이 가장 빠른 시간일 수도 있지요. 늦지 않았습니다. 지금부터 우리 집만의 고유한 문화 콘텐츠를 시작해보시길 바랍니다.

마지막 세 번째는 바로 '대상 영속 콘텐츠'입니다. 제가 일명 '종교 콘텐츠'라고도 부르는데요, 이 종교 콘텐츠는 종교를 강요하는 게 아닙니다. 부모의 종교를 이야기하는 것도 아닙니다. 불교, 기독교, 가톨릭. 전혀 어떤 종교든 상관이 없습니다. 주기적으로 물 떠놓고 새벽마다 기도하는 분이라면 그도 좋습니다. 핵심은 종교가 아니라 안정감입니다. "엄마가 널 위해 매일 기도해", "엄마아빠를 지켜줬던 이 신이 너도 지켜줄 거야", "그리고 신이 있는 자리에 엄마아빠도 늘 함께 있을 것이다"라고 알려주시기 바랍니다. 더 구체적으로는 아이들에게 부모가 너를 지켜주지 못하는 순간에도 부모를 지켜줬던 신이 너를 지켜줄 것이라고 이야기해주세요. 바로 옆에서 아이들을 지킬 수 없는 날이 오고, 결국 부모가 떠나가는 날도 올 텐데, 부모가 돕지 못하는 순간이나 심지어 부모가 없어진 순간에도 아이에게 안정감을 심어주는 것이 중요합니다.

이 '대상 영속' 개념은 아이가 7~24개월 경 낯가림 시기를 잘 극복할 수 있는 비결에서 힌트를 얻었습니다. 낯가림을 심하게 하던 아이가 24개월 혹은 30개월이 넘어가면 부모가 당장 눈앞에 없더라도 멀리서 들리는 엄마의 노랫소리나 시장에 금방 다녀오겠다는 엄마의 약속을 믿고 엄마 없는 두려움을 꼭꼭 눌러

가면서 불안을 조절하는 능력이 생겨나지요. 일명 '대상 영속성'이 생겨나는 겁니다.

21세기 아이들은 부모보다 더 전자기기를 잘 다루고, 정보를 더 잘 찾게 되었습니다. 안타깝게도 그런 아이들에게 20세기 부모들이 전해줄 게 별로 없지요. 줄 것 없는 부모들이 가진 것을 다 동원하여 자녀에게 전해야 하는 것이 있다면 가장 먼저 나를 돌보는 능력, 그리고 3가지의 부모 콘텐츠라는 것을 기억하시기 바랍니다. 이와 함께라면 아이들은 물론 부모의 자부심까지 함양하며 남은 생애 동안 자녀와 행복하게 소통할 수 있을 것입니다.

사이 좋은 부부가 절대
하지 않는 것과 꼭 하는 것

저는 가끔 서로 좋아죽는, 꿀 떨어지는 부부들을 봅니다. 놀랍지 않나요? 나도 20년 같이 살고, 저 부부도 20년 같이 살았는데, 비슷한 시기에 결혼을 시작했는데 왜 이렇게 행복감이 다를까요? 사이가 좋은 부부를 실제로 보면 약이 오르면서 내심 부럽기도 합니다. 반면 어려운 일을 겪고 있는 부부들도 많습니다. 이런 부부가 저에게 상담을 받으러 많이 옵니다. 상담에 온 부부들은 이렇게 말합니다. "이 사람이요? 참 괜찮은 사람이었어요", "그런데 이 인간이 결혼하고 나서는 달라지더라고요", "저 인간이 그렇지요" 이런 말들을 총합해보면 우리는 '이 사람'과 결혼해서 '이 인간'과 살다가 '저 인간'으로 죽게 되는 것입니다. 이게 한두 집의 이야기가 아니죠. 그래서 제가 질문해보았습니다. 결혼 생활이 20년 이상 되었으며, "우리 부부는 나름 꿀 떨어지게 산다!"고 말하는 40쌍을 대상으로 인터뷰를 진행했어요. 이 부부들은 크게 2가지 영역이 도드라졌습니다. 바로 하지 않는 영역과 반드시 하는 영역에서 공통점이 보였습니다. 우선, 하지 않는 것의 영역부터 먼저 알아보겠습니다.

꿀 떨어지는 부부들이 절대 하지 않는 6가지

꿀 떨어지는 부부들이 절대 하지 않는 6가지가 있어요. 첫 번째, 잘 안 싸웁니다. 이 글을 보는 순간 "아유, 우리 부부는 끝났어. 싸움 경력 40년이야. 둘 다 검투사 다 됐어"라는 생각이 들 수도 있죠. 그런데 꿀 떨어지는 부부들은 안 싸우는 게 아니라, 다툼이 있긴 하지만 이 싸움이 대단히 짧았습니다. 전체적인 싸움의 횟수나 길이가 다른 부부에 비해서 훨씬 적었다는 거죠. 싸움의 여지를 잘 만들지도 않았고요. 전반적으로 안 싸우려는 걸 알 수 있지요.

두 번째, 웬만하면 상대가 싫어하는 것은 안 합니다. 우리는 싸울 때 꼭 화가 나면 상대가 제일 싫어하는 것을 본능적으로 찌릅니다. 정곡을 찌른다고 하죠. 감정이 격해진 순간 상대방에게 말 한마디로 일갈해버리는 경우가 많죠. 부정적 일갈로 말 그대로 깔아뭉개는 겁니다. 내 밑으로 다 꿇어, 이런 식으로요. 그런데 꿀 떨어지는 부부들은 상대방이 싫어하는 게 무엇인지 정확하게 안다고 해도 하지 않습니다. 아무리 감정이 격해져도 말이죠. 쉽지 않지만 이를 악물고 인간적인 예의를 지켜나가는 겁니다. 여기는 넘지 말자는 약속의 선이 분명한 것이죠.

세 번째, 꿀 떨어지는 부부들의 특징 중의 하나가 배우자 뒷담을 하지 않는다는 것입니다. 뒷담은 많은 사람 앞에서 내 남편과 아내 흉을 보는 겁니다. 참 재미있죠. 할 이야기가 얼마나 많겠어요. 꿀 떨어지는 부부라고 각자의 억울함이 없겠어요? 당연히 억울함도 있고, 아쉬움도 있고, 열 받는 것도 있고, 고치고 싶은 것도 있지만, 그럼에도 뒷담하지 않습니다. 뒷담을 하지 말자는 건 일종의 인간적 예의잖아요. 이것들을 부부 사이라도 지키더라는 거죠.

네 번째, 부부가 싸울 때 말끝을 물고 늘어지지는 않는다는 것입니다. 이거 무척 어려운 일입니다. 대부분 이런 대화로 연결되잖아요. "아유, 그래. 알았어. 알겠다고", "지금 뭐야? 알았다는 거야? 아는 사람이 왜 그래?" 이렇게 말꼬리를 잡습니다. 그런데 꿀 떨어지는 부부들은 이걸 하지 않으려고 이를 악물고 참는 거예요. 말끝을 물고 늘어지지 않는 것. 상황을 악화시키지 않으려는 고도의 노력이라고 할 수 있습니다.

다섯 번째, 갈등 상황에서 내가 느끼는 모든 감정을 한꺼번에 쏟지 않는다는 겁니다. 감정이 머리꼭지까지 올라오면 이성적 판단이 불가능해지잖아요. 저 또한 굉장히 극단적인 면이 있어요. 그래서 일어나지도 않을 가장 최악의 경우를 상상하곤 합니다. 이를테면 저는 남편과 다투면 '이 사람이 바람이 났나?'라는 생각에 버럭 질러놓고, 밤에 누워서 '내가 미쳤지!' 하며 이불킥합니다. 이렇게 보통 감정이 북받치면 하지 말아야 하는 말과 행동이 선을 넘는 경우가 많습니다. 그런데 꿀 떨어지는 부부들은 꾹 참습니다. 주먹을 꼭 쥐고, 몸을 부들부들 떨어가면서도 참아냅니다. 그 이유는 앞으로도 같이 살 것이기 때문입니다. 다 잊어도 그 사람이 나의 배우자라는 걸 기억하는 거예요. 다 잊어도 이 사람이 평생 나랑 살 거라는 걸 기억한다면, 끝까지 가지 않을 수 있습니다. 최대한 참으려고 통제하려고 애를 쓰게 되지요.

여섯 번째, 부부가 싸우다 보면 "그래, 이혼해!" 이런 말 하잖아요. 그런데 꿀 떨어지는 부부들은 이혼이라 말 자체를 농담으로라도 하지 않았습니다. 무형의 말이 유형의 씨가 된다는 것을 누구보다 잘 알고 있는 것이지요.

하지 말아야 하는 것을 안 하는 것만으로도 충분히 행복하고 꿀 떨어지는 결혼 생활을 할 수 있습니다. 『불행 피하기 기술』의 저자인 롤프 도벨리*Rolf Dobelli*는 좋은 삶이란 뭔가 대단한 것을 추구하기 이전에 잘못된 것, 어리석은 것, 멍청한 것들을 피할 때 이루어진다고 이야기합니다.

꿀 떨어지는 부부들이 꼭 하는 6가지

꿀 떨어지는 부부들이 꼭 하는 6가지가 있었습니다. 첫 번째, 애칭이 있습니다. 허니, 자기, 귀염둥이, 깜찍이 등등. 애칭이라는 게 참 재미있게도 일상에 유머를 더해 삶의 맛을 돋웁니다. 음식에 토핑이 있으면 더 맛있어지는 것처럼요. 애칭으로 삶의 재미와 유머를 곁들이는 것이지요.

두 번째, 기여를 인정합니다. 특별히 공개적으로 드러냅니다. "우리 남편 최고예요", "이런 남자 없어요", "우리 아내 이거 하나 끝내줍니다" 기꺼이 공개적으로 칭찬하고, 배우자에게도 "당신은 이게 최고야", "당신은 역시" 같은 말을 하더라는 거죠. 이건 상대방을 전적으로 높여주는 것입니다. 내가 너를 존중하고 내가 당신을 사랑하고 이걸 표현하는 것입니다.

세 번째, 스킨십*skinship*입니다. '나이 들어 무슨 스킨십이야'라고 생각하실 수도 있죠. 만져야 스킨십이 아닙니다. 만지면 더 좋겠지만, 눈의 마주침, 손을 잡는다든지, 소파에 앉아서 다리 하나 턱 걸치는 것, 마주 앉아 밥 먹는 것. 이것들도 다 스킨십이에요. 그리고 시간이 지날수록 접촉의 면을 늘려가는 것 또한 굉장히 중요합니다.

네 번째, 서로의 친구들을 안다는 것입니다. 남편은 아내의 친구와 그 근황을 알고, 아내는 남편의 친구와 근황을 압니다. 집에 자주 오가기도 하고요.

다섯 번째, 한쪽이 말이 많습니다. 참 재미있는 현상인데요. 양쪽 다 말이 많은 게 아니라, 한쪽만 주로 말이 많았습니다. 이건 다른 한쪽은 주로 듣는다는 뜻이에요. 보통 말이 많으면 싸울 일도 많다 생각하는데 한쪽만 많으면 괜찮습니다. 대신 한쪽은 귀가 되어주니까요.

여섯 번째, 제가 인터뷰를 하면서 가장 놀랐던 점이에요. 꿀 떨어지는 부부들이 가장 많이 하는 말이 뭐였을까요? 사랑해? 아닙니다. '괜찮아'였어요. '괜찮아' 이 말이 가장 편안하고, 좋고, 많이 했던 말이라고 합니다. '괜찮아'라는 말은, 당신을 있는 대로 받아들이겠다는 뜻입니다. 당신의 본연의 모습대로 그대로 수용하겠다는 것입니다. 이건 용서와 수용, 인정과 기여의 의미를 모두 담고 있습니다.

나는 배우자에게 어떤 것을 하고 있고, 어떤 것을 하고 있지 않은가 점검을 해보세요. 그중에 꿀 떨어지는 부부들의 비결을 좀 가져다 쓰면 어떨까요? 위 12가지 방법 중에서 내가 쓸 것과 버릴 것을 찾아보세요. 관계 좋은 부부들, 꿀 떨어지는 부부들의 말을 연습해보고 발화해보면 좋겠습니다.

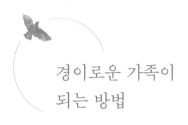

경이로운 가족이
되는 방법

가족이 중요하다는 것은 모두가 알고 있습니다. 하지만 어떤 사람은 '가'면 갈수록 '족'쇄라 '가족'이라고 표현합니다. 행복하고 건강한 가족은 정말 가능한 일일까요? 신화 속의 이야기 아닐까요? 어떤 가족이 바람직한 가족일까요? 건강한 가족 관계를 위해서 무엇이 필요할까요? 이런 질문들에 대한 답을 고민해보았을 때 제가 생각한 단어는 '경이'입니다. 이 '경이'라는 단어는 '놀랄 경驚'자에 '이상할 이異'자를 씁니다. 가족은 살아갈수록, 나이 들수록 놀랍고 이상해지는 관계이기 때문입니다.

흔한 경이로운 가족 vs. 귀한 경이로운 가족

하지만 경이로운 가족은 2가지 모습으로 나눌 수 있습니다. 흔한 경이로운 가족과 귀한 경이로운 가족으로요. 가장 먼저 아주 흔한 경이로운 가족부터 살펴보고자 합니다. 흔한 경이로운 가족은 다음의 특징이 있습니다.

허구한 날 싸우는데 지금껏 살아요. 그리고 겉으로는 미친 듯이 싸우면서 속으로는 간절히 그리워합니다. 정말 이상하죠? 그래서 대개 가족 관계에 어려움을 겪는 사람이 상담을 받으러 왔을 때 정말 다른 모습을 보입니다. 가족 앞에서는 말 그대로 막말에 칼춤을 추면서 막상 상담을 받으러 오면 가족에 대한 사랑과 애틋함을 뜨겁게 부르짖습니다. 이런 사람들의 특징이 절대 속내를 가족에게 말하지 않는다는 겁니다. 내 속마음, 가족을 향한 간절한 마음을 가족한테 절대 들키면 안 된다고 생각합니다. 가족 구성원 모두가 그래요. 철저한 비밀 공동체입니다. 이걸 들키면 어색하고, 이걸 고백하면 굉장히 부끄럽다고 생각하는 거죠. 가끔은 속내를 내비쳤다가 수치심을 느끼기도 합니다. 가족들이 나이 들면 조금 나아질 줄 알았더니, 허구한 날 싸우면서 점점 싸움의 강도는 강해지기만 합니다. 오히려 더 뿔뿔이 흩어지기도 하죠.

그렇다면 귀한 경이로운 가족은 어떤 가족일까요? 지금부터 가족의 면모, '경이'를 새로운 방식으로 풀이해보겠습니다. 흔한 가족에서 발견했던 그 놀라움과 남다름을 약간 바꿔보는 거죠. '경이로움'이 가지고 있는 가장 대표적인 쓰임 중의 하나가 바로 역설입니다. '경이롭다' 표현을 언제 쓰는지 생각해보세요. 미처 생각하지 못했는데 깜짝 놀랄 새로운 요소를 발견했을 때 '경이롭다'는 표현을 씁니다. 씨름 중에 샅바를 붙잡고 뒤집는 기술이 있습니다. 샅바를 붙잡고 한꺼번에 확 뒤집으면 관중석에 있는 사람들이 깜짝 놀랍니다. 그 뒤집기 한판이 씨름판의 흥을 확 돋우고 지루했던 힘 싸움을 폭발적인 탄성으로 바꾸어 놓죠. 가족 관계에서도 마찬가지입니다. 가족이라는 씨름판 안에서 관계를 한 번 뒤집고 엎으면서 샅바 싸움처럼 새로운 경이를 탄생시켜 보면 어떨까요.

우리집의 이름표 바꾸기

귀한 경이로운 가족으로 뒤집기 위해 제일 먼저 해야 하는 것이 바로 호칭입니다. 가족에 대한 정의와 개념, 가족에 대한 이름을 바꾸는 겁니다. 가족들을 뭐라고 부르시나요? '우리 가족은 OO한 가족이야'라고 한 문장으로 정의할 때 어떤 단어를 넣으시겠어요? 우리 가족은 정말 빛나는 가족이야, 우리 가족은 똑똑한 가족이야, 우리 가족은 위트 넘치는 가족이야, 우리 가족은 단란한 가족이야 등등. 그 단어가 바로 우리 가족의 정의이자, 분위기이자, 전체적인 이미지입니다. 그런데 지금까지 가족의 이름을, '허구한 날 싸우는' 가족이라고 정의하는 사람이 많습니다. 그리고 실제로도 다투는 집이 맞을 겁니다. 하지만 다르게 생각해보면, 허구한 날 싸웠는데도 잘 지내고 있다면, 바로 허구한 날 싸운 만큼 화해하고 용서했기 때문은 아닐까요? 자주 싸우는 집들은 또 자주 화해하고 용서합니다.

"우리 집은 화해해도 소용없어", "용서해도 소용없어" 이렇게 이야기하는 것은 맞지 않습니다. 싸움이라는 부정적 감정이 용서라는 긍정적 감정보다 강하기 때문에 싸움의 기억이 더 오래 깊게 남아있는 것뿐입니다. 긴 세월 동안 허구한 날 싸워도 함께 살고, 계속 연락할 수 있었던 이유는 바로 그만큼 용서했다는 것입니다. 심지어 그만큼 서로를 견딜 수 있는 집이었다는 거예요. 그럼 이름을 한번 바꿔봅시다. '허구한 날 싸우는 집'에서 '자주 용서하는 집', '자주 화해하는 집'으로요. 말을 바꾸는 게 아무것도 아닌 것 같지만 관계는 이렇게 재정립됩니다.

철학자 하이데거Martin Heidegger는 이런 말을 남겼습니다. '언어는 존재의 집이다' 그 사람이 어떤 말을 쓰는가를 보면 그 사람이 어떤 사람인지 알 수 있습니다. 내가 가족을 어떻게 정의하느냐에 따라서 가족에 대한 나의 시선이 달라집니다. 그리고 나 또한 가족의 일원이잖아요. '우리는 화해를 자주 하는 집', '용서 자주 하는 집' 이렇게 불러봅시다. 이는 허구한 날 싸우는 집하고 같은 상황이지만 완전히 다른 측면을 보여줍니다.

내 가족의 현재 이름표를 생각해보고, 이 이름표를 뒤집는다면 어떤 이름표가 좋을까 생각해보세요. 엎기 전의 이름표와 엎은 다음의 이름표, 2가지를 놓고 어떤 걸 선택할지 고민해보세요. 만약 저라면 귀한 경이로운 가족이 되는 새 이름을 선택하겠습니다.

가족을 위한 속마음 드러내기

두 번째, 인사이드 아웃입니다. 속마음을 보여주는 것이지요. 앞서 말했던 것처럼 나의 속마음은 너무나 간절한 사랑의 고백인데, 퍼붓는 말은 놀라울 정도로 공격적인 경우가 많습니다. 그런데 그것을 바꿔보자는 겁니다. 속에 있는 이야기를 밖으로 빼고, 밖에 있는 이야기를 안으로 모아보자는 거예요. 밖으로는 성질내고, 안으로는 사랑 고백하는 내담자가 10명이 있다면 10명중 8명은 속마음 이야기를 밖으로 하는 것만으로 가족 관계가 완전히 달라집니다. 인사이드 아웃, 가장 먼저 마음의 문을 열고 안에서 밖으로 문턱을 넘어야합니다.

이 과정에 필요한 건 '용기'입니다. 문턱을 넘는다는 건 성장과 성숙이고, 새로운 관계의 시작입니다. 완전히 다른 질의 관계를 갖게 되는 겁니다. 하지만 문턱을 넘기 위해서 내 발을 올려서 넘기는 에너지가 필요합니다. 그러나 한 번만 그 문턱을 넘어본다면 그다음부터 꽤 용기를 낼 수 있습니다.

그리고 신기하게도 용기를 내면 가족은 반드시 반응합니다. 예를 들어, "엄마 나 사실은 엄마가 정말 좋아요" 혹은 "여보 내가 자기한테 정말 미안했어" 같은 말을 해요. 그러면 듣는 가족은 어색하게 대꾸할지도 모릅니다. "얘가 갑자기 왜 이래?", "됐어, 가서 저기 물이나 떠와" 이렇게 반응하며 기껏 용기낸 사람을 머쓱하게 만들 수 있습니다. 하지만 이해해주세요. 그 가족은 갑자기 들어온 자극이 어색하기 때문입니다. '진짜 물이나 떠와'가 아니라 내가 당신의 사과와 감정을 받아들이겠다는 일련의 우회적인 표현이에요. 그것만으로도 충분히 관계의 문턱을 넘어본 것이지요. 관계의 문턱을 넘어가면 다른 가족들에게서도 동시다발적으로 일종의 모방이 발생합니다.

부부끼리의 자극이 자녀들에게도 영향을 주고받으면서 가족 모두가 화해하고, 사과하고, 고백하고, 감사하는 상호작용이 그때부터 일어나거든요. 누가 시작할 것인가만 남았습니다. 실패해도 괜찮아요. 절대 실패가 아닙니다. 가족들은 알기 때문입니다. '용기를 냈구나. 어색한데 괜찮구나.' 반복이 된다면 그다음부터 훨씬 더 자연스러워질 거예요. 그렇게 가족은 속마음을 터놓기가 전보다 자연스러운 영역으로 넘어가게 될 것입니다.

자녀 앞에서 공개적으로 화해하기

세 번째, 가족을 집단에서 개인으로 바라보는 것입니다. 대개 가족은 하나의 묶음이라고 생각하죠. 영어에서는 Family(가족)라는 단어를 쓸 때, 가족 전체를 뜻할 때는 단수 동사 is를 쓰고, 가족의 여러 명을 뜻할 때는 복수형 are을 씁니다. Family라는 단어는 우리 가족 전체를 묶기도 하고, 동시에 개개인의 가족을 이야기할 수도 있는 거죠.

가족의 다툼을 돌아보세요. 지금까지 어떻게 싸웠나요? 대개 부부들은 애들이 있든, 없든 있는 힘을 다해서 싸웁니다. 그리고 화해는 누가 없을 때, 자기들끼리 합니다. 즉, 공식적으로 싸우고 화해는 사적으로 한단 말이에요. 그러니까 아이들이 볼 땐 우리 부모님은 허구한 날 싸운다고 생각합니다. 그리고 어떻게 화해하게 됐는지 모릅니다. 부모가 설명해주지도 않아요. 그럼 아이들은 이렇게 생각합니다. '부부는 싸우고 가만히 있어도 화해가 되는구나.'

그런 부모를 보며 성장한 아이들은 결혼하고 배우자와 싸웠을 때, 어떻게 행동할까요? 가만히 있어도 괜찮아지겠지 생각해요. 하지만 세상에 싸우고 나서 저절로 화해가 되고, 사이가 좋아지는 관계가 어디있나요? 만약에 있다고 하더라고 매우 극소수일 겁니다. 찢어진 관계를 회복할 때는 훨씬 더 공이 들어갑니다. 그러나 이 과정을 누구도 설명해주지 않았기 때문에 문제가 생기는 겁니다.

이것도 뒤집기를 한번 해봅시다. 이제까지 공개적으로 싸우고 사적으로 화해를 했다면, 이제 뒤집어서 사적으로 싸우고 공개적으로도 화해할 수 있어야 합니다. 가족은 더 그렇습니다. 같은 공간에서 지내기 때문에 부부가 싸운 것 같지만, 사실 아이들도 함께 싸운 것과 마찬가지입니다. 둘이 긴장했던 것 같지만, 가족 모두 긴장 상태에 놓였던 것과 같습니다. 따라서 부부가 싸웠을 때는 꼭 아이들에게 설명해주시기 바랍니다. 아이들이 어려도 괜찮습니다. "엄마, 아빠가 사실 이런 일로 다퉜었는데, 이런 과정을 통해서 화해를 했어. 그래서 지금 엄마, 아빠는 마음이 괜찮고 서로 더 사랑하게 됐어" 하고 자녀에게 자초지종을 설명하는 게 굉장히 중요합니다.

그러고 나서 자녀에게 물어봐주세요. "혹시 엄마랑 아빠가 싸우는 소리에 마음을 졸였어? 무서웠어?" 그럼 아이들도 분명히 얘기합니다. "사실 나 그때 무서웠어. 걱정됐어" 놀란 아이의 마음을 꼭 안아주세요.

성인인 자녀들도 마찬가지예요. 성인이 된 자녀는 이렇게 생각합니다. '왜 우리 부모님는 허구한 날 싸울까?' 마찬가지로 자녀에게 설명해주세요. 이로 인해 자녀는 관계를 학습하게 됩니다. 나이 들면서 화해하는 모습을 아이들이 모방할 수 있도록 도와주세요.

이렇게 가족이 가진 특성들을 어떤 식으로 바꾸어 보느냐에 따라서 180도 바뀐 가족의 모습을 경험하게 될 것입니다. 이제 우리 가족의 관계를 새롭게 정립하시기 바랍니다.

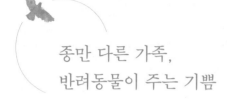

종만 다른 가족, 반려동물이 주는 기쁨

강아지, 개를 가리켜 애완동물이라고 부르던 시대를 지나서 이제는 반려동물이라고 부르는 시대가 되었습니다. 파트너나 동반자처럼 살아간다는 의미죠. 많은 사람이 나이 들수록 개나 고양이와 같은 반려동물이 필요하다고 이야기합니다. 왜 그럴까요? 반려동물은 특별히 2가지 영역에서 우리 삶에 영향을 크게 미칩니다.

반려동물이 우리 삶에 미치는 영향

첫 번째, 반려동물효과Companion Animal Effect가 있습니다. 반려동물을 접하지 않은 사람보다 반려동물을 키우는 사람이 신체적으로나 정신적으로나 더 건강하다는 것입니다. 이는 접촉위안

*contact comfort** 에서 오는 건강 증진과 회복을 얻을 수 있기 때문입니다. 1996년과 2001년 독일과 호주에서 환자들을 대상으로 반려견 유무에 따른 건강상태를 조사했습니다. 개가 있는지, 몇 년이나 키웠는지, 어떤 종을 키우는지, 개하고 산책은 얼마나 하는지, 개를 키우는 환자는 현재 어떤 병을 얼마나 앓고, 어떤 수술을 했는지 같은 반려견과 병력의 관계를 조사했다고 합니다. 독일, 호주 양쪽 모두에서 같은 결과가 나왔습니다. 반려견을 키우지 않는 그룹에 비해서 반려견을 키우는 그룹이 훨씬 건강한 지수가 나왔습니다. 회복력도 좋았고, 생애 만족도도 높게 나타났습니다. 그중 반려견을 최소 5년 이상 키운 집단이 가장 행복감을 느꼈다고 합니다.[14]

반려견의 존재는 행복감만 높이는 게 아니라, 사람의 질병 회복에도 도움을 준다는 사실도 밝혀졌습니다. 중년 이후에는 심근경색이나 아니면 심혈관계 질환을 앓는 사람이 많아집니다. 심혈관계 증상을 앓는 사람 중 반려견이 있는 그룹과 강아지가 없는 그룹을 나누고, 수술 이후에 회복 속도를 비교해보았습니다. 놀랍게도 수술 이후 1년까지의 생존 확률을 비교했을 때 반

• 배고픔과 같은 일차적 욕구충족보다 접촉을 통한 위안이 애착 발달에 중요하다는 애착 이론 중 하나다.

려견이 있는 그룹이 약 8배 더 높았습니다.[15] 또한 관상동맥 치료를 받고 퇴원한 환자를 1년 동안 추적 조사한 결과, 반려동물 소유자들이 그렇지 않은 사람들보다 생존가능성이 28%나 더 높았습니다.[16] 이렇게 건강 증진이나 회복력뿐만 아니라, 정서적인 부분에서 훨씬 더 많은 영향을 미칩니다. 반려견을 키우는 사람이 그렇지 않은 사람에 비해 훨씬 더 생에 대한 만족감이 높아요. 이는 반려견이 가지고 있는 주요한 특징 때문입니다.

반려견의 특징은 바로 '아기' 같다는 점입니다. 아기는 손이 많이 갑니다. 반려견도 마찬가지로 돌보고, 먹이고, 입히고, 재우고 아프면 병원 데려가고, 주사 맞히고, 돈도 많이 들어가요. 손이 많이 간다는 이야기는 그만큼 시간과 정성, 즉 심리적인 투자도 많이 한다는 겁니다. 근데 놀랍게도 그 투자의 아웃풋이 어마어마합니다. 우선 우울감이 상당히 감소했습니다. 공허감도 현저히 감소하고요. 치매에 대한 예방도 됩니다. 그래서 요즘 요양 시설에서는 치료 차원에서 반려견을 활용합니다. 심지어 반려동물 매개치료라는 분야도 생겼습니다. 반려견과 같이 감정교류가 가능한 동물과의 상호작용을 통해 신체적, 정신적, 사회적, 심리적으로 어려움을 겪는 사람들의 기능 향상과 치료에 도움을 주는 것을 말합니다.

요양 시설에 개를 데리고 가면 놀라운 일이 벌어집니다. 어르신들이 다가와 털부터 만집니다. 이쁘다 하고, 개가 혀로 핥아도 가만히 있습니다. 그때 어르신들의 표정을 보면 아픈 분들인가 싶습니다. 표정에 기쁨이 가득하거든요. 이 말은 곧, 반려견의 털이 주는 기쁨이 있다는 말입니다. 심리학에는 굉장히 유명한 실험이 하나 있어요. 커다란 철창에 태어난지 얼마 되지 않은 새끼 붉은 원숭이가 있고, 철사 엄마와 헝겊 엄마가 있습니다. 철사 엄마한테는 젖병이 달려있고, 헝겊 엄마한테는 아무것도 없습니다. 어떤 일이 벌어질까요? 새끼 원숭이는 철사 엄마한테 가서 젖을 먹고, 나머지 시간은 헝겊 엄마의 품에 안겨있었습니다. 가끔 헝겊 엄마의 살을 약간 무는 듯한 행동까지 합니다. 이것은 정서적 교류의 행동이지요.

인간도 마찬가지로 온도가 필요합니다. 반려견을 안아보시면 따뜻하지요? 개의 체온은 38도 정도로 사람보다 높죠. 또 털의 촉감도 사람에게 안정감을 주고, 사람은 그 털을 통해서 굉장한 위로를 받습니다. 앞서 말한 접촉위안입니다. 게다가 반려견은 계속 움직이기 때문에 사람의 시선을 분산시킵니다. 사람은 한 곳만 바라보게 될 때 우울감이 현저히 높아집니다. 시선이 분산되면 훨씬 더 우울감이 줄어들고요. 또한 반려견을 데리고 산책도 많이 하죠. 산책을 하면 활동성이 늘어나고, 반려견에 맞춰 사람의 속도가 다양하게 변화하게 됩니다. 예를 들면 공원에서 혼자 걸어갈 때보다 개를 데리고 있을 때 주변 사람들이 인사를 나누거나 말을 거는 횟수가 훨씬 더 많고 이렇게 해서 알게 된 사람들 중 일부는 개가 없이 산책을 할 때에도 여전히 대화를 나누는 관계가 유지된다는 거지요.[17] 또 많이들 보셨겠지만, 반려견 소유자들끼리는 관계를 쉽게 형성할 뿐만 아니라 지역사회 공동체의 참여의식이 더 높습니다.[18] 반려견 소유자들은 이웃과 더 많은 상호작용을 하게 되지요. 반려견과 함께 산책할 경우, 타인의 관심이 집중되기 때문에 관계성까지 증진됩니다. 혼자 걷는 사람보다 강아지를 데리고 걷는 사람이 훨씬 길게 걷고, 더 많은 사람과 만나고 대화도 더 많이 하더라는 것입니다.

나이 들수록 반려동물을 키워야 하는 이유

반려동물은 이제 삶의 한 조각이 되었습니다. 반려동물의 존재는 일상 속에 자리 잡아 반려동물을 키우는 인구가 1천만 명을 돌파했습니다. 일명 '반려동물 천만 시대'라고 합니다. 나이 들수록 반려동물을 키우라고 하는 것은 강아지나 고양이 자체가 아니라 반려동물을 통한 온도, 따뜻함, 관계, 활동을 말하는 것이기 때문입니다. 무엇보다 반려동물을 돌봐야 한다는 의무감이 양육의 기쁨을 주지요.

살다 보면 가까운 사람의 사별을 맞이하는 경우가 있습니다.

사별을 경험한 분들이 겪는 우울감에서도 반려동물이 주는 위로가 크고, 우울증을 상당 부분을 낮춘다는 연구 결과가 있습니다.[19] 사별로 인한 상실의 자리를 반려동물이 메워주는 것이지요. 반려동물과 같은 언어로 대화할 순 없어도 우리에게 가장 많은 말을 하는 것 같습니다. 반려동물은 한 명의 자녀처럼 느껴집니다. 생의 친구이자 자녀, 상담자, 일종의 대화자 역할까지 해주기도 합니다.

　나이 들수록 반려동물입니다. 반려동물과 함께 산다는 것은 스트레스 호르몬인 코르티솔^{Cortisol}*을 줄이고, 접촉이나 사랑을 통해서 나타나는 옥시토신^{Oxytocin}이 높아지는 환경에 놓여있다는 뜻이기도 합니다. 반려동물을 키우는 분들, 알고보니 더 고마운 나의 반려동물을 꼭 안아주시기 바랍니다.

● 콩팥의 부신 피질에서 분비되는 스트레스 호르몬.
　뇌하수체 뒤엽 호르몬의 하나. 혈압과 코티솔 분비량을 낮추고, 고통의 한계점을 높이고, 불안을 낮추고, 온갖 종류의 긍정적인 사회적 교류를 자극한다.

3장

나이 들수록

관계가 편해지기 시작했다

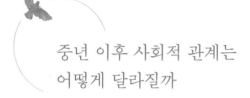

중년 이후 사회적 관계는
어떻게 달라질까

인간은 10세가 되면 뇌의 90%가 구성되고 25세 정도가 되면 100%에 도달했다가 그 이후 노화에 접어들지요. 어디 뇌뿐인가요, 몸도 그렇지요. 25세가 노화의 기점이라면 의아할지도 모르지만, 젊은 애들도 늙어간다니 아쉬움과 고소함이 오가는 사람도 있을 겁니다. 그런데 이 노화라는 것이 몸이나 뇌에만 오는 것이 아닙니다. 인간관계, 특히 사회적 관계도 확연한 변화를 만듭니다.

특히 사회적 관계는 30세에 형성되어, 40세에 변화하고 50세에 완성된다고도 하지요. 30세 전후로 결혼도 하고 취업을 하고, 40세 전후로 승진과 양육이 한창이고, 50세 정도면 사회적으로도 상부에 머물면서 자녀도 가정을 꾸리기 시작하니 어느 정도 동의가 되지요?

흥미로운 것은 결혼 전후의 친구가 달라지고, 자녀가 생기면 또 다른 친구 그룹이 생겨나고, 직종과 직급에 따라 만남의 궤적도 달라지지요. 그리고 오십에는 어쨌든 회사 상부에 있게 됩니다. 성인된 자녀가 자기 세계를 만들어가느라 여념이 없어지면서 엄마도 덩그러니 혼자 남게 됩니다. 정상은 높지만 외롭고, 큰 집에 혼자 남아있다는 것에 눈물이 나기도 합니다. 이렇듯 나이가 들면 사회적 관계는 확연히 달라집니다. 회사에서도 떠난 자와 남은 자로, 집에서도 떠난 자와 남은 자로 살아가게 되지요. 오십이 넘어가면 일터와 집터만 오가며 관계를 쌓던 사람들에게 인생을 지탱할 관계의 터가 절실해지지요. 관계의 대대적인 변화가 시작되면서 떠날 곳과 비어있는 곳을 재정립하고 새로운 관계를 맺을 때가 된 것입니다.

서양화풍에서 동양화풍으로의 변화

아마도 삶을 그림으로 비유해본다면 동양화와 서양화로 설명할 수 있을 겁니다. 지금껏 살아온 인생을 10년 주기마다 그림으로 그린다면 어떤 그림을 그릴 수 있을까요? 10대, 20대, 30대, 40대까지는 새로운 경험으로 가득한 풍부한 색채가 가득한 서양화를 그리게 될 것입니다. 서양화는 빈틈을 주지 않습니다. 유화 작품들을 보면 여백마저 하얀색으로 칠하지요. 젊음은 채우는 기쁨에 신나고 꽉 채울 때 만족해합니다. 반면 오십이 넘어가고 나이가 들어갈수록 서양화에서 화풍을 바꿔서 동양화를 그리게 됩니다. 동양화는 여백의 미가 특징이죠. 일부러 비워 놓은 여백에서 특유의 매력을 느낄 수 있습니다. 다만, 꽉 차고 속도감 가득한 곳에 오랫동안 살았던 사람, 그 빠르고 꽉 찬 열기를 비워본 적이 없는 사람들은 조금이라도 공간이 생기면 여백을 공허하게 느끼고 '텅 빈 공간'을 외로움으로 정의하는 경우가 많습니다.

앞서 자식이 떠나면, 남은 시공간의 공백을 견디지 못하고 외로워하는 걸 빈 둥지 증후군이라고 부른다고 했습니다. 그러나 삶은 다양한 방식으로 나타나니 그것이 퇴직이건, 빈 둥지건, 그 이름이 무엇이건 살면서 반드시 빈자리 경험을 하게 됩니다. 다만, 저는 이런 '텅 빈 공간' '빈자리'처럼 삶이 바뀌는 것을 '달라지는 것이 아니라 재구성되는 것'이라고 말하고 싶습니다. 이 재구성되는 과정에서 사람들은 낯선 것을 경험할 때 느끼는 어색함이나 적응하지 못한 것 같은 부적절감을 경험할 수 있습니다. 그러나 어색함이나 부적절감 같은 감정은 무조건 불필요하고 부정적이고 나쁜 것일까요? 아닙니다. 새로운 도약과 변화를 위한 과도기에 함께 따라오는 아주 자연스러운 감정입니다.

오십 이후에 재구성되는 친구의 역할 3가지

오십 이후는 친구 관계에 지각변동이 일어나는 시기입니다. 오십에 접어들며 재구성되는 것 중에 하나가 바로 '친구'니까요. 오십 이전의 친구들은 전반적으로 자기의 삶을 꾸려가기 위해서 친구가 한 부분이었다면 오십 이후의 친구는 내 삶의 여러 부분을 더 많이 채워주는 새로운 관계로 바뀌게 됩니다. 오십 이후에는 친구의 역할을 3가지로 정리할 수 있습니다.

첫 번째, 나의 자유를 보장해주는 자입니다. 우선 친구는 집 안에 있는 사람이 아니라 집 밖에 나와야 만날 수 있는 사람이지요. 만일 혼자 집 밖으로 나간다고 했을 때, 배우자가 있다면 상대 배우자가 혼자 집 밖에 나가 활동하는 것을 좋지 않게 여길 겁니다. 하지만 친한 친구와 시간을 보낸다고 하면 자연스럽게 밖으로 나갈 수 있겠죠. 또한 어떤 공간이라도 친구와 함께라면 내가 나로서 편하게 있을 수 있습니다. 이렇게 친구는 나의 자유를 보장해줍니다. 나를 얽매거나 귀찮게 하거나 함부로 나의 시공간을 침범한다면, 그 사람은 나에게 안정감과 심리적 편안함을 해치는 자이니, 친구가 아닙니다.

두 번째, 친구란 단순히 여가를 넘어서는 미래 행동 파트너입니다. 오십이 넘으면 시간이 많아지게 됩니다. 이전에 여가를 함께하는 것과 미래 행동을 함께하는 건 다릅니다. 여가는 많아진 시간을 채우는 과정을 말하는 것이라면, 행동을 함께한다는 건 앞으로 제2의 인생을 구축하고 새로운 일을 시작할 때 굉장히 좋은 파트너이자 조언자이자 동시에 동업자가 될 수도 있다는 뜻입니다. 단순히 시간을 같이 보낸다면 안전감과 즐거움이 있는 사람이라는 말일 겁니다. 그러나 미래 행동을 함께한다는 말은 신뢰가 매우 깊고, 나의 삶을 담보로 해야 하지요. 함께 새롭고 창조적이고 도전적인 계획을 세우고 남은 청춘을 상호 제공하며 일을 도모한다는 말과 같습니다. 인생과 사업의 파트너가 될 수 있지요.

세 번째, 친구가 가지고 있는 굉장히 중요한 기능이 있는데요. 그 기능은 나의 좋은 위로자가 된다는 것입니다. 우리가 오십이 넘는다고 해서 가족에게 모든 비밀을 말할 수 없어요. 가족들만 아는 비밀이 있다면, 가족에게도 말하지 못하는 개인 비밀이 있습니다. 그 비밀은 부모뿐만 아니라 오랜 세월 함께한 배우자나 든든한 자녀일지라도 내놓을 수 없는 속사정이지요. 게다가 가장 잘 들어주어야 할 가족이 오히려 가장 귀를 막거나 윽박지르는 경우도 많습니다. 농담마저도 거절당하는 게 가족이니, 가족이라고 안전한 곳은 아니라는 것을 잘 알 겁니다. 이때 친구는 그야말로 가족도 들어주지 않는 한심하고 지겨운 개인사와 비밀의 청취자가 되어줍니다. 나의 부족을 알지만 괜찮다고 말해주고,

129

나의 비밀을 무덤까지 가져가 주는 그런 사람이니, 그런 면에 있어선 때로는 가족보다 나은 위로자라고 할 수 있습니다.

오십 이후에는 꼭 끊어야 하는 친구 유형

반면 나에게 스트레스를 주는 친구가 모임에 1~2명씩 있기도 하죠. 이를테면 저 같은 경우에 정기모임이 6개가 있어요. 그중에 한 곳에 가면 정말 끊임없이 자랑을 늘어놓는 친구가 있습니다. 속으로 꾹 참으며 들리지 않는 말로 '아이고 그래, 너 잘났다' 하고 무시하거나 혹은 우회적으로 불편함을 표현해도 도무지 알아채지 못하고 모임 내내 친구들 귀에 말뚝을 박지요. 받아주고 받아치는 것도 한두 번이지 계속 들으니 스트레스를 받게 되더라고요. 그런 친구 없으신가요? 아마 벌써 머리에 떠올랐지요? 그럼 그때부터 고민이 되지요. 그 인간 때문에 이 모임을 끊을 것인가, 말 것인가? 그것이 문제로다.

이럴 때 어찌할 것인가 답을 찾아보자면, 먼저 나는 왜 그 모임에 참석하는가를 생각해보면 좋습니다. 제가 모임에 참석하는 건 당연히 그 친구를 보려고 가는 게 절대 아닙니다. 본연의 목적은 따로 있습니다. 그 목적을 떠올리세요. 모임에 사람이 10명이라면 1명만 그렇지, 나머지 7~8명은 그렇지 않다는 거죠. 다른 사람들도 나와 같은 생각을 하고 있을 게 뻔하단 말입니다. 우리는 공동의 적을 가진 셈이지요. 이렇게 생각했을 때 모임을 끊을 필요가 없습니다. 게다가 모임을 오랫동안 지속할수록 그 모임에는 일종의 힘이 생기게 됩니다. 그 친구가 모임에서 자랑하는 게 처음이 아니기에 견디는 힘, 공동의 경험, 공동의 내성이 생긴 것이죠. 그럼 그 친구의 자랑질을 견디기 쉽습니다. 따라서 견딜 만한 모임, 다른 친구들도 나와 함께 견디는 모임이라면 일단은 그냥 가라고 조언하고 싶습니다.

하지만 때로는 스트레스를 넘어 해가 되는 친구들이 있어요. 이를테면 내 가족과 나 사이를 갈라놓는다든지 아니면 다른 친구와 또 다른 친구를 이간질한다든지. 직접적으로 피해를 주는 거죠. 잘난 척하는 친구야 듣기가 싫을 뿐 해롭다고까지 할 수는 없지요. 그런데 관계를 끊어내고 일부 사람들을 배제하고 험담을 일삼으면서 모임의 관계를 부정적 고리로 연결하는 사람은 친구가 아니라 해로운 사람이지요.

이런 사람들은 내가 친구로서 교훈을 줄 필요가 있습니다. 교훈은 말로 하는 일이라 생각합니다만, 거리두기를 하는 겁니다. 과감하게 끊으세요. 해로운 친구는 거리를 두시기 바랍니다. 가까이할수록 상처받기 쉽고, 다른 친구들에 대해서도 오해하게 되지요. 나쁜 정보도 정보이기 때문에 마음 상하고 불편할 뿐 아니라 나도 모르게 다른 친구들을 오해하게 됩니다. 이런 해로운 친구에게 일단 상처를 받으면 회복도 더딥니다. 끊어야 하는 친구입니다. 아까워하지 마세요. 그냥 두면 결국 다음번엔 그 사람이 당신을 집단에서 배제할 겁니다.

만나면 좋은 친구가 아닌
좋은 친구를 만나라

중년 이후에는 친구가 별로 없습니다. 이유는 간단합니다. 연락이 끊어지고, 아프고, 가끔은 사망하는 경우가 생기기 때문입니다. 저에게는 친한 초등학교 동창 5명이 있는데, 그 중에 3명이 아파서 혹은 교통사고로 죽었습니다. 저와 또 다른 친구 둘만 살아있습니다. 이 정도면 살아있는 저와 제 친구의 인생이 질기다고 봐야 하는 걸까요? 그런데 생각해보면 중년 이전에는 드물던 일들이 중년 이후에는 왕왕 일어납니다. 주변에 많은 사람이 퇴직과 이사, 혹은 질병과 사망이라는 과정을 통해서 멀어지게 됩니다. 이것은 나를 지탱해주는 기억들이 하나둘씩 사라져가는 것이고, 동시에 나의 주변 사람들이 어떻게 변해갈지 예측할 수 없는 시기를 맞게 된다는 뜻입니다.

중년 시기, 친구 관계는 새롭게 정의되어야 한다

오십이 넘어가면 친구는 생애 주기가 겹치는 친구와 지역이 겹치는 친구로 나뉘어집니다. 초·중·고등학교 동창회를 하면서 만나는 식으로 긴 시간을 두고 함께 늙어가는 친구가 바로 생애 주기가 겹치는 친구들입니다. 이 개념으로 보자면 친구는 양이 아니라 질이 중요하다는 걸 깨닫게 됩니다. 어떻게 깨닫느냐고요? 경조사 몇 번 치르고 나면 자연스레 옥석이 가려집니다. 경조사에 오는 친구는 나에게 '옥'이고, 오지 않는 친구는 '석'인 것이지요. 시간이 지날수록 서로 위하고 아끼고 기대는 우정의 대상으로서의 친구는 얼마 남지 않습니다.

그리고 오십 이후에는 생애 중심의 친구와 더불어 지역 중심의 친구도 살펴봐야 합니다. 지역 중심의 친구 중 제일 가까운 사람은 모임에서 만나는 친구들입니다. 교회나 성당, 절에 가면 집사님들, 권사님들 있잖아요. 안드레아, 마리아도 있고요. 보살님도 있습니다. 종교뿐 아니라 여러 모임에서도 다양한 공간과 특별한 목적을 중심으로 모인 친구들이 생깁니다. 물론 그 가운데서도 친구라는 관계는 굉장히 제한적이긴 합니다. 그중 실제 내가 '친구야'라고 생각하는 사람들을 한번 손가락으로 꼽아보세요. 이때 어떤 사람을 친구라고 정의하시나요?

오십 이후의 친구는 새롭게 정의되어야 하고, 갈음되어야 합니다. 50~80대 사람 중 친구가 많고 인맥 관리에 자신있다는 사람을 각 연령별로 10명씩 집단상담을 진행했어요. 각각 50대 10명, 60대 10명, 70대 10명, 80대 10명, 총 40명에게 물었더니 놀랍게도 친구의 정의가 다 달랐습니다. 그리고 자기의 인생과 친구의 의미를 연결 짓더군요. 이를테면 내가 어려울 때 은혜를 입었던 사람, 나와 어린 시절을 같이 보낸 사람, 물리적으로 오랜 시간을 함께 있던 사람, 나한테 얼마까지 돈을 빌려줄 수 있는 사람 등. 이렇게 친구의 기준을 다양하게 생각한다는 것입니다.

흔히들 에이브러햄 매슬로*Abraham Maslow*의 욕구 5단계를 이야기합니다. 예를 들어, 내가 아프거나 먹을 게 부족할 때 내 옆에서 나의 필요를 채워주면, 나를 안전하게 보호해주면, 나를 모임에 끼워주면 그 사람이 친구가 됩니다. '넌 진짜 대단한 친구야' 이렇게 말해주어도 친구가 되고, 함께 삶의 새로운 지평을 열어도 친구가 되더라는 것입니다. 내가 처해 있는 욕구의 상황을 읽어주는가에 따라서 친구냐, 아니냐를 결정하더라는 거죠.

오래 가는 친구 관계에는 무엇이 있는가?

그 가운데서도 오래 가는 친구는 따로 있습니다. 지속적인 친구 관계에는 어떤 공통점이 있는데, '믿음직스러움'은 아닙니다. 오히려 '유쾌함'입니다. 사람들은 즐거운 친구를 찾아가거나, 즐거운 친구를 중심으로 관계의 망이 형성되더라는 것이죠. 인간은 늘 즐거움을 찾는 존재이고, 어쩌면 즐거움을 찾는 존재로서 가장 오랜 관계를 맺는 사람을 친구라고 부르는 것이 아닌가 싶습니다. '편안함'도 즐거움의 일환입니다. 쾌快의 영역이니까요. 쾌의 영역에는 편안함, 안정감과 같은 것들이 있습니다. 그중 가장 핵심이 즐거움, 웃음, 기쁨 같은 것들이지요. 즉, 나이가 들어서도 함께 있을 때 기분이 좋은 사람을 친구로 삼고 싶어하죠.

자, 이제 어떻게 친구를 사귈 것인가요? 친구는 가족하고 다릅니다. 가족은 혈연적 핏줄이지만 친구는 정서적 핏줄로 연결되어 있습니다. 중년 이후에는 나한테 돈 빌려주는 사람이 친구가 아니라 나와 함께 돈을 빌리러 가는 사람이 친구라고 할 수 있지 않을까요. 중년에는 인생의 절박함이 많아집니다. 그 절박한 시기에 친구는 아무리 찾아도 없어 보입니다. 근데 정말 없을까요? 지금부터 손가락을 꼽아보면서 생각해봅시다.

과거의 친구, 현재의 친구, 미래의 친구

3가지 영역의 친구를 찾아봅시다. 첫 번째, 지난 시절을 함께한 친구들의 이름과 얼굴을 머릿속으로 떠올려보세요. 이때 친구가 과거의 친구입니다. 이 친구들은 반드시 지켜야 할 친구고, 앞으로도 이어질 친구고, 놓아서는 안 되는 친구입니다. 그러니 자주 연락하시고 만나세요. 적어도 2번을 만나면 한 번은 밥을 사고, 3번 만날 때까지는 안 좋은 소리 하지 마세요. 이 3가지가 바로 오랫동안 친구를 유지하는 비결이기도 합니다.

두 번째, 현재의 친구입니다. 옛날에는 안 만났었는데 최근에 친구가 된 사람들입니다. 이 친구들도 지키세요. 중년 이후에 친구를 가리기 시작하면 우리는 다음 생애까지 혼자 살아야 할 겁니다. 중년에는 친구가 귀해지고 절실해지고 찾아야 하는 시기이기 때문입니다. 내 지갑에 현금 같은 존재가 바로 현재의 친구입니다. 직장 동료도 괜찮고, 동아리 혹은 종교단체, 어떤 형식으로든지 괜찮습니다. 이 친구들은 과거의 친구들하고는 또 다르게 나와 미래를 만들어갈 것입니다. 과거의 친구가 과거부터 이어나가는 현재의 친구라면, 현재의 친구는 미래를 만들어 갈 사람들이지요.

세 번째는 미래에 사귀게 될 친구들입니다. 과거의 친구와 현재의 친구들이 만들어내는 친구들이라고 할 수 있습니다. 기존 관계망을 통해서 새롭게 만들어지는 개념이지요. 이렇게 친구 관계는 3단계 관계망으로 이루어집니다. 과거의 친구들이 만들어준 첫 번째 망과 현재의 친구들이 만들어내는 두 번째 망, 앞으로 나와 가까워지고 만들어나갈 세 번째 망. 이런 3단계 관계망으로 우리는 친구를 통한 삶의 기쁨을 경험하게 되는 것입니다.

친구는 가족과는 결이 다릅니다. 가족에게 얘기하지 못하는 것도 친구와 나눌 수 있습니다. 이것이 친구의 고유한 특성입니다. 그 고유한 특성의 친구를 3개의 겹으로 가지고 있다고 생각해보세요. 만나면 좋은 친구가 아니고 계속 만나게 되는 친구가 좋은 친구인 겁니다. 나를 만나러 오는 그 친구가 좋은 친구입니다.

좋은 친구를 만났을 때 꼭 해야 할 3가지

좋은 친구를 만났을 때 꼭 해야 할 3가지를 알려드리겠습니다. 첫 번째, 반드시 인증샷을 찍으세요. 우리나라 스마트폰 보급률이 98%입니다. 50대 이하 남녀는 100%, 60대는 남녀 모두 98%, 70대 이상 남성은 97%, 70대 이상 여성은 69%입니다.[20] 친구를 만날 때마다 스마트폰으로 사진을 찍어보세요. 대부분 중년 이후에 사진 찍기를 싫어합니다. 젊었을 때와 어렸을 때의 사진은 있는데, 중년 이후에는 놀라울 정도로 사진이 별로 없습니다. 그러니 만날 때마다 찍으면서 기념하세요.

두 번째, 초대에 응하세요. 친구가 나에게 만남을 제안했을 때 불가피한 일이 아니면 꼭 참석하시길 바랍니다. 미국에서 했던 친구에 관한 연구 중 항상 빠지지 않고 들어가는 부분이 있어요.

좋은 친구의 덕목 중 하나가 바로 '초대에 응함'이에요.[21] 사람들은 초대에 응하는 사람을 좋은 친구라고 생각합니다. 만나세요. 그리고 초대하세요. 친구들에게 연락도 돌리고 와주는 사람들에게 고마움도 표하고 친구가 있는 곳에 가면 만나진 못해도 연락도 하고요. "야, 나 여기 왔는데 너 못 만나고 그냥 올라가게 될 것 같아. 보고 싶어서 전화했어." 이런 사소한 연락이 아무것도 아닌 것 같지만, 그 친구에게는 큰 기억으로 남게 됩니다. 즉, '내가 너를 기억한다. 내가 너의 친구다'라는 걸 다시 각인시켜주는 것입니다.

세 번째, 잊지 말아야 할 관계의 법칙이 있습니다. 중년부터는 친구를 만나면 잘난 척을 하지 말아야 합니다. 특히 자식 자랑하지 마세요. 그거 제일 뼈아픕니다. 자식이 어느 대학을 나왔는지, 어느 회사에 다니는지, 돈은 얼마나 버는지 제발 자식 자랑하지 마세요.

대신 친구를 만나면 마음껏 노셨으면 좋겠습니다. 살면서 한 번도 제대로 놀지 못했다고 원망하지 마세요. 100세 인생, 지금부터 놀아도 반백 년, 50년이 남았습니다. 100세에 죽을지, 130세에 죽을지, 150세에 죽을지 모르는 세상이 도래했습니다. 잘 노는 자가 행복한 자예요. 그런데 혼자 놀면 재미없죠. 혼자 밥 먹어도 맛없습니다. 친구랑 같이 놀아야 재밌고, 친구랑 같이 먹어야 맛있습니다. 친구가 있어야 또 추억이 됩니다. 중년 이후는 거절이 많아지는 시기입니다. 선뜻 누군가에게 손을 내밀기 어렵고 거절당할까 봐 두려워서 전화도 넣었다 뺐다 합니다. 먼저 다가가세요. 만나면 좋은 친구가 아니라 좋은 친구는 만나야 한다는 걸 기억하시기 바랍니다.

유튜브처럼 인간관계에도 알고리즘이 있다

예전에는 없었던 말인데 요새는 대중화된 말이 있습니다. 바로 알고리즘*Algorithm**입니다. 유튜브를 보는데 이 알고리즘 때문에 내가 선택하지 않은 영상들 자꾸만 올라오는 겁니다. 유튜브 이용자들의 시청 시간 조사 결과, 전체 유튜브 시청 시간의 70%가 내가 스스로 찾은 영상이 아닌 유튜브가 추천하는 영상을 본다는 연구 결과가 있습니다.[22] 이것이 바로 알고리즘의 힘이죠.

이를테면 제가 유튜브에서 임영웅 콘텐츠를 보다가 이어서 나태주 콘텐츠도 찾아봅니다. 그러자 제 유튜브에 연이어 트로트

● 사용자의 이용 기록과 각종 개인 정보 등을 토대로 이용자 개인에게 '맞춤형' 콘텐츠나 광고를 보여주는 일련의 규칙이나 전반적인 시스템을 뜻한다.

콘텐츠만 올라오더라는 거죠. 이런 현상들이 이어져 결국은 필터 버블*Filter Bubble*을 경험하게 됩니다. 맞춤형으로 필터링된 정보만 나에게 도달해 결국 자기만의 세계에 갇히게 되는 거죠. 게다가 필터링된 정보는 확증편향**을 일으킵니다. 자기 생각과 일치하는 정보만 받아들이고 믿고 싶지 않은 정보는 의도적으로 외면하는 것입니다. 사실 이런 현상이 유튜브에만 일어나겠습니까. 인간관계에도 그런 알고리즘이 발생합니다. 일명 '관계 알고리즘'입니다.

우리는 흔히 친구를 반복적으로 만납니다. 그리고 나이 들수록 친구 관계는 더 줄어들고, 압축적으로 변합니다. 그렇게 생각과 사고방식 또한 나와 비슷한 사람들을 중심으로 하나의 덩어리처럼 압착됩니다. 그럼 이제 착각이 시작되는 거죠. '세상 사람들은 다 이렇게 생각하는구나!' 이게 바로 확증편향입니다. 물론 관계의 알고리즘이 있는 게 무조건 나쁘진 않아요. 문제는 만나는 친구들마다 의견과 감정과 방향이 비슷하다는 걸 알고, 그런

● 알고리즘으로 사용자의 행태를 분석하여 사용자에게 맞춤한 특정 데이터만을 제공하게 되면서, 그 사용자가 이외의 다른 정보를 접하지 못하고 특정 정보만을 소비하게 되는 현상.

●● 자신의 가치관, 신념, 판단 따위와 부합하는 정보에만 주목하고 그 외의 정보는 무시하는 사고방식.

친구들 범위가 확장되면 '아, 이게 확실히 맞구나. 또 나는 딱 그런 사람이구나'라고 확신하게 됩니다. 이런 관계는 안전하기는 한데, 지겨워요. 만나서 하는 얘기도 비슷하고 변화가 별로 없어요. 이런 관계는 일정 부분은 행복하고 안정적이지만 인생의 놀라움과 다채로움은 절대 만들어낼 수 없습니다.

인생은 다양하고 다채롭습니다. 나이 든 사람들이 가진 콘텐츠의 특징은 굉장히 다채롭다는 것입니다. 지식이든 연애든 건강이든 인생에 한 가지만 있는 것이 아니듯 나이 듦에도 다채롭고 다양한 영역이 필요합니다. 그래서 이 책에 최대한 중년에 겪게 되는 가족과 인간관계, 행복, 재미, 슬픔, 우울 등 모두 다루고자 하는 것이고요. 중년 이후 우리 인생에 안전하면서도 지루함을 넘어서는 새로운 것들 찾아보자고요. 따라서 제한된 관계의 알고리즘도 성큼 넘어가보자고 제안하고 싶습니다. 알고리즘 밖으로 한번 나가보자는 것입니다.

알고리즘 관계를 벗어나는 법

먼저 반대되는 것들을 살펴보는 겁니다. 늘 만나던 친구들 말고 다른 친구들 말이죠. 이를테면 정치적으로 반대편 성향인 사람의 이야기를 들어보는 것처럼 절대 만나지 않았던 성격의 모임에 참여해보는 겁니다. 크게 손해나는 게 아니라면 시도해보세요. 사실 아주 낯선 사람들을 만난다는 건 위험한 면도 있습니다만. 경계를 늦추지 않으면서 새로운 곳에 나를 던져넣는 것이 필요합니다. 새롭고 어색하겠지만 이런 경험을 안 해본 게 아닙니다. 아주 오래전 새로운 학교에 갔었고, 새로운 사람을 만나 사랑하고, 결혼하고, 자녀라는 새로운 영혼을 만나는 과정들을 겪었잖아요. 이 과정은 완전히 낯선 세계에 들어가는 것과 마찬가지입니다. 새로운 알고리즘의 첫 번째 고리를 잡은 것이라고 볼 수 있습니다. 그렇게 새로운 관계들을 적응해가면서 인생의 알고리즘을 만들어냈던 겁니다.

나의 지평을 넓히고 한계를 넘기 위해선 멈추지 않고 계속해서 새로운 것을 시도해볼 필요가 있습니다. 새롭게 도전한 영역이 어느 정도 마음에 든다면 오래 머물러 보는 것도 좋습니다. 이것이 바로 자신만의 프레임을 벗어나는 방법입니다. 위험하지 않은 정도에서 새로운 모임에 참여하면 그 모임에서 새롭게 관계가 생겨나면서 새로운 알고리즘이 만들어집니다. 이렇게 새 인생이 열리는 거지요.

앞서 제가 보던 트로트 콘텐츠에서 벗어나 다른 콘텐츠를 보기 시작하면 또 다른 콘텐츠들이 옆에 이어서 올라옵니다. 인간관계도 마찬가지입니다. 처음 관계를 시작하면 다양한 사람들이 연결되기 시작합니다. 유튜브의 알고리즘과 인간관계의 알고리즘이 비슷하죠?

　새로운 도전은 새로운 인생, 새로운 콘텐츠가 됩니다. 새로운 관계를 만들고 싶으세요? 그렇다면 틀 밖으로 나가서 관계에 새로운 알고리즘을 클릭하세요.

새로운 친구를 사귀어야 할까
고민된다면

앞서 이야기했듯이 오십이 넘으면 주변에 사람들
이 없어집니다. 그러다 보면 '이렇게 친구가 없어도 괜찮을까?'
고민이 되는 시기가 옵니다. 물론 혼자 있는 게 편한 분들이 있지
요. 관계가 어려워서 혼자일 수도 있지만, 아마도 수십 년 동안 인
간관계에 지치고 지쳤을 겁니다. 친구 없는 게 무슨 큰 범죄입니
까? 그리고 이런 경우 완전히 관계가 고립된 것은 아니지요. 꼭
친구가 사람일 필요도 없으니까요. 누군가는 '나는 책이 친구야'
하는 분도 있어요. '나는 봉사가 친구야' 아니면 '나는 반려견이
랑 대화한다' 이런 사람도 있습니다. 괜찮습니다.

꼭 친구가 바글바글해야 좋은 것도 아니지요. 친구가 많으면
에너지 소모가 큽니다. 또, 내가 그를 친구라 생각해도 상대의 생
각은 다를 수 있고요. 친구를 살피기 위해 희생을 무릅썼는데, 오

히려 배신의 부메랑으로 돌려받는 경우도 있습니다. 대개 친구가 많은 경우, 실속 없는 관계도 많지요. 나이 들어 친구가 많다는 게 나쁠 것이야 없지만, 남은 생애를 친구들 해결사로 살아가며 배우자에게는 미움을 독차지하는 사람도 주변을 돌아보면 꽤 있을 겁니다.

하지만 믿을 만한 친구가 있다면 그것도 참 선물 같은 일이겠죠. 담수지교淡水之交라고 물처럼 담백한 사귐이 있다면 말 그대로 군자가 될 듯합니다. 누군가와 사귀고 삶을 나눈다는 것, 곧 친구가 된다는 건 사실 그를 위한 '이타성'이기도 하지만 나를 위한 '이기성'이기도 해요. 누군가 나의 친구가 되는 것 자체가 나의 기쁨을 높여주는 일이니까요. 그래서 친구가 필요한데 만약 친구가 딱 한 명만 있다면 조금 아쉬운 부분입니다. 믿을 만한 친구가 하나 있는 것도 좋지만 조금 덜 믿음직스럽더라도 내 삶을 조금 더 다채롭게 하는 친구들이 있다면 더 좋지 않을까요?

앞에서 새로운 관계를 만들어 볼 것을 권유했었죠. 어떻게 새로운 관계를 만들 수 있을까요? 새로운 곳에 나를 던져넣는 방법을 알려드리도록 하겠습니다.

친구 관계의 영역을 확장하는 법

옛날하고는 다르게 최근에는 친구 사귀기 너무 좋은 환경이 됐어요. 이를테면, SNS가 있잖아요. 우리가 흔히 소셜미디어서비스, 곧 SNS라고 그러면 카톡이나 밴드, 인스타, 페이스북 정도로만 생각하는데 유튜브도 SNS입니다. 각각의 SNS를 보면 취향을 가지고 있거나, 목적이 같은 사람들 혹은 서로 좋아하는 사람들이 모여있어요. 그리고 SNS 사용 빈도가 높으면 높을수록 서로를 잘 알고 자주 보게 되고, 실제로 만나서 인사를 하지 않더라도 내 마음속에 친근감이 생기죠. 그렇게 시간이 지나고 나면 실제 만나서 대면 인사를 하기도 하죠. 처음 대면하더라도 우리는 이미 엄청난 정보를 공유한 사람들이고, 이모티콘을 주고받으며 감정적인 결속력도 가진 사람들이지요. 거기에 영상통화까지 한다면 이미 대면 이상의 관계를 맺어온 거지요. 친구의 외연이 확장되는 겁니다.

두 번째로는 동호회입니다. 블로그와 카페에 들어가보면 수천 개의 동호회를 발견할 수 있습니다. SNS를 넘어서 물리적인 참여를 원한다면 동호회를 찾아다니는 게 좋습니다. 옛날 동호회는 독서나 등산 정도였지요. 너무 옛날 이야기일까요? 지금은 독서, 영화, 춤, 요리, 창작 등 말할 수 없이 많은 동호회가 있지요. 이들은 SNS는 기본이요, 다음 카페나 네이버 블로그, 거기에 오프라인 모임까지 연동하여 복합접촉집단으로 활동합니다. 전체 덩어리에서 분리하여 같은 목적의 소그룹들도 활동적으로 움직이며, 같을 동同 좋아할 호好 모일 회會의 본연의 취지를 강화하며 목적을 달성하고 있지요. 미하이 칙센트미하이 *Mihaly Csikszentmihalyi* 는 그의 저서 『몰입의 즐거움』에서 '최고의 전문성과 몰입이 만나는 자리가 취미'라고 이야기합니다. 취미는 대부분 즐거움의 경험을 공유하는 사람들이고, 취향이라고 하는 세밀한 즐거움의 방향을 공유하는 사람들이기에 빠르게 친해지고, 친밀도도 높으며, 집단 갈등이 적고 이익에 집중하지 않기에 사귐이 더 오래 이어진다는 것이죠. 동호회는 강력한 친구의 장입니다.

세 번째 환경은 학습 공동체입니다. 개인적으로는 이 책의 많은 독자가 여기에 꼭 참여하길 권유하고 싶습니다. 오십 이후에 노는 것도 좋지만 시간이 갈수록 의미가 없어져요. 저와 친분이 있는 이재용 아나운서는 100개의 산에 오르자는 목표로 하는 백산 동호회에 가입해서 주말마다 빠짐없이 험준한 산들을 오르내리더군요. 얼마 전 100개의 산에 다 올랐는지 물었습니다. 그 목표는 진작에 끝났고 이제는 목표가 사라지니, 약속한 산 초입에서 만나 바로 막걸리를 먹으러 간다는 말을 하며 껄껄 웃었습니다. 같은 패턴이 반복되고 새로운 유입이 없는 경우 동호회의 초기 목표는 흐려지기 쉽습니다.

그렇기에 저는 꼭 학습 공동체에 들어가라고 말합니다. 배움은 늘 우리를 새롭게 합니다. 정신을 일깨우고 세상에 대한 시야를 넓히고 새로워진 나를 발견하게 합니다. 일단 새로운 지식이 뇌를 일깨웁니다. 또한 반복적인 행동을 할 때보다 도전적인 행동을 할 때 뇌는 분주해지면서 활동량을 올립니다. 깨달음의 순간에는 미주신경이 움직이며 소름 돋는 기쁨에 빠지게 됩니다. 학습은 혼자서도 가능합니다. 요즘은 유튜브도 무척 활성화되고 전문화되면서 수준 높은 지식을 만날 수 있기에, 나만의 커리큘럼을 짜지 않아도 지식은 사막의 샘처럼 흘러넘칩니다.

　제가 '학습'이라고만 하지 않고 '학습 공동체'라고 이야기했었지요. 학습 공동체는 가장 건전하고 발전적인 인간 모임입니다. 지식만 습득하는 게 아니라 거기서 함께 공부하는 사람들과 관계가 형성되지요. 서로 성취를 확인하고, 시험과 과제를 거치면서 나를 점검하고, 온라인이건 오프라인이건 공부를 함께하는 사람들과 공부의 어려움과 변화의 기쁨을 나누며 거대한 발전적인 공동체 연합이 이루어집니다. 심지어 과제까지 있다면 건강한 의무감도 생겨나면서 약간의 긴장이 되는데, 이때 시험을 어렵게 낸 교수를 향해 다 같이 원망도 해보고 성적으로 경쟁도 하며 희노애락을 나눌 수도 있습니다. 자신의 목표를 이루어가며, 나와 공동의 목표를 바라보는 이들과 토론해가며 상호 돌봄 과정도 경험하게 됩니다. 인간의 진보는 쾌락을 넘어 성장 다음에 오는 성숙을 향할 때 열매를 맺지요. 학습은 과정만으로도 성숙을 이루고, 학습 공동체는 성숙을 통한 자아실현의 명백한 열매니까요. 삶의 목적을 찾고 의미를 찾고 싶다면 학습 공동체에 참여해보시기 바랍니다.

새로운 관계를 만들 때 반드시 가져야 할 것

이렇게 다양한 환경에서 좋은 친구를 만나려면 제일 먼저 준비해야 할 게 있습니다. 머릿속에 그림을 그려야 해요. 나는 어떤 친구를 만나고 싶은가. 5년 뒤를 생각해보면 됩니다. '5년 뒤에 나는 누구와 어떤 대화를 어느 곳에서 뭘 하고 있을까?' 머릿속에 이 그림을 그려보면 내가 어떤 친구를 원하는지 선명해집니다. 이를테면 '나는 같이 책도 읽고 독서 감상을 나눌 친구가 필요해.' 그러면 독서 모임에 가야죠. '나는 산 정상에 같이 올라가서 소리도 치고 싶고, 산 근처 맛집도 가고 싶어.' 그러면 어떻게 해요? 등산 동호회를 가야겠죠.

머릿속으로 어떤 모임에 참여할지 정해졌다면 다음으로 필요한 것이 2가지 있습니다. 가장 먼저 '용기'입니다. 제일 중요하다고 볼 수 있겠네요. 친구를 찾아가기 위한, 그 공간을 향하기 위한 마지막이자 첫 번째 시작을 만드는 것이니까요. 용기를 내어 발걸음을 떼어야 좋은 친구를 만들고 만날 수 있습니다. 용기 있는 자가 미인을 얻는다는 말이 낭만적인 문구라면, 용기 있는 자가 친구를 얻는다는 말은 절실한 문구일 겁니다.

두 번째로는 '매너'입니다. 어렸을 때 사귀었던 친구들과 다르게 노후에 사귀는 친구들 사이에는 매너가 필요합니다. 매너는 남에게만 찾아서는 안 되지요. 사회적인 나는 어떤 사람인지 생각해보아야 합니다. 같은 상황에도 오십 이전에는 욱할 수도 있겠지만 나이가 들수록 매너라고 하는 인생의 중요한, 일종의 완충 능력이 생겨나죠. 새롭게 사귀는 친구도 나도 이전보다 부드럽게 거절하고, 거친 부분은 강도를 줄이게 됩니다. 나이는 사포처럼 우리를 유연하게 하면서 스스로 나 자신을 조절할 수 있게 되는 거예요. 그렇기 때문에 오십 이후에 친구가 된다는 건 매너를 통해 상대방을 배려하면서 그에게 다듬어진 나를 보여주는 것이고 또 그전에 치기 어렸던 행동을 조절해가는 나를 보여주는 과정이 되기도 합니다.

매너는 타인을 배려하는 마음을 보여주는 과정이지요. 말하는 방식, 단어 선택, 자세, 버릇, 몸가짐 등 매우 다양한데요. 오십의 고개를 넘어가는 분이라면, 남녀를 불문하고 '젠틀Gentle'이라는 말을 쓰고 싶습니다. '나는 매너 같은 것 잘 모르겠다' 싶은 사람이라면, 따라하기를 권합니다. 앞서 이야기했던 '관찰학습'이지요. 모델일 될만한 사람들의 말과 행동의 일부를 나름대로 내가 상상해보고 익혀서 사람을 만날 때 쓰는 겁니다. 사람을 소개하는 방식이나, 시간을 다루는 것, 옷을 입는 방식 등 좋아보이는 것들을 따라해보세요. 익숙하지 않은 것은 배우면서 나만의 방식과 취향을 찾아내기 마련이지요. 매너는 어차피 사회적인 옷을 입는 과정이니, 타인이 입은 좋은 옷을 나도 입어본다면 그건 따라하기가 아니라 '유행'에 참여한다고 생각하면 어떨까요? 매너로 멋쟁이가 되어보자구요.

인간관계가 친목 도모로만
끝나지 않는 법

10년 전, 2003년에 릭 워렌*Rick Warren*의 『목적이 이끄는 삶』이 베스트셀러였지요. 현재 오십 이상인 사람들은 자기계발서를 베개 삼아 목적이 이끄는 삶으로 살았을 겁니다. 20세기에 태어나 성장한 사람들의 가장 대표적인 목적은 바로 자식이었습니다. 그다음에 나의 생계, 나의 생존이었고, 나의 기쁨은 한참 뒤에나 따라왔죠. 일평생을 자식과 생계를 위해 달렸다면 오십 이후에는 더 이상 유효하지 않습니다. 그래서 '이제 나의 기쁨을 찾아보자' 하고 동호회도 가입합니다. 그런데 용기와 매너를 장착하고 참여한 모임이 흐지부지되는 경우도 많습니다. 오랜 시간 '목적이 이끄는 자기계발'을 중심으로 살아왔던 사람들에게 목적 없는 취미는 참으로 공허하게 느껴지거든요. 뭐라도 생산해내고 어떤 것이라도 열매를 맺어야 하기 때문이죠. 그러니 어떤 모임이건 사람들이 모이는 목적을 만들어줘야 합니다. 처음에는 뭔가 눈에 보이는 것을 만들고, 자격증을 따면서 손에 쥐는 것을 좋아하지요. 그러나 어디에 내놓을 곳 없는 자격증 공부는 시간이 지나며 허무해지기 쉽습니다. 이제 손발을 움직여 뭔가를 만들어내는 생산이나 눈앞에 보이는 성취의 결과를 얻는 것에 한계를 경험할 시점이 되었다면, 생산을 위한 목표보다 의미 있는 목표가 좋습니다.

일단 지금 함께하고 있는 모임의 새로운 의미를 부여하기 위해서 '우리가 뭔가 새로운 걸 할 수 있을까?' 물어보세요. 아마 여러 가지 안들이 나올 겁니다. 활동성이 높은 사람은 '어디 가자'로 제안할 거고요. 조용한 사람은 '뭘 보자'라고 할 거예요. 그래서 여러 가지 안 중에서 괜찮은 것들을 고르거나 섞어서 하는 게 제일 좋습니다. 그 모임의 질서, 색깔과 너무 다르지 않은 새로운 하나의 시작점을 제안하는 사람이 없기 때문에 변화도 없는 것입니다.

공동체가 가진 막.공.나.만의 기능

제 지인 중에 탱고 동아리에 가입한 사람이 있습니다. 춤 연습을 하다 보니 운동이 되어서 몸도 좋아지고요. 새로운 사람들을 만나게 되어서 인간관계도 넓어지고요. 동아리에서 나눌 대화까지 준비하게 되니 레벨을 올리며 전문성을 꿈꾸게 되었고 향후 중기, 장기로 인생 계획을 세우게 되었다고 합니다. 그뿐만 아니라 서로 몸이 얼마나 중요한지 알고 있기에 혹여 발이 삐거나 다쳐서 입원하면 서로서로 문병하며 돌봄의 기능까지 하게 되더랍니다. 학습의 영역과 신체의 영역, 관계의 영역까지 넓어질 뿐 아니라 더 나아가 새로운 인생의 장을 여는 아주 놀라운 일석다조의 효과를 가지고 있습니다. 그래서 저는 인생을 의미 있게 만들고자 하는 분들께 가장 먼저 이야기하는 것이 '나가라!'입니다.

동아리 혹은 공동체에 나가라고 하는 게 아무것도 아닌 것 같지만 제가 강조하는 요소들을 다 가지고 있습니다. 일명 '막.공.나.만'입니다. 사람들과 만나서 무언가를 하기 위해 움직이는 것만으로도 운동이 되기 때문에 질병을 '막'아줍니다. 내가 알지 못했던 새로운 것을 '공'부하게 됩니다. 일단 '나'가게 됩니다. 그리고 누구든 '만'나게 됩니다. 막,공,나,만 이 4가지가 다 충족되기에 나이가 들어 내가 지금 무엇을 할까 막연하다면 공동체(동아리)에 들어가시기를 권합니다. 그 안에서 새로운 소속을 통해 새로운 이름과 그다음에 새로운 인생 방향과 새로운 관계와 새로운 학습과 새로운 모험을 경험하시기 바랍니다.

공동체가 없다면 만들어라

또 다른 예로 귀농을 한 지인이 있었는데요. 집이 마을에서 떨어져 있기도 하고 다들 농사를 짓는 집이다 보니 밭도 서로 붙어 있지 않고 멀찌감치 있어 사람 볼 일이 거의 없었다고 합니다. 그분이 혼자 있기 심심하고 귀농이라지만 농사에 대해 아는 게 없으니 매년 망하기 일쑤라, 배추 농사에 대해 배우고 싶어서 토요일에 같이 공부할 사람을 마을에서 찾기 시작했습니다. 그렇게 구하자마자 동네 사람들이 너나 할 것 없이 다 선생님으로 참여를 한 거예요. 그렇게 모인 8명의 선생님을 두고 그분이 배추 공부를 하기 시작했습니다. 배추뿐인가요. 고추에, 땅콩, 천마 등등 다들 농사에 일가견이 있는 사람들이라 각자의 농사 노하우를 다 배울 수 있었다고 합니다. 그리고 사람들이 모이니 각자 자신이 재배해본 농작물 이야기를 주고받기 시작하다가 마을 사람들도 재배해보지 못한 농작물을 발견하게 됩니다. 바로 브로콜리였습니다. 이후 브로콜리를 농사짓기 시작해 지금은 그 마을 일대가 유통회사와 밭떼기로 계약을 맺고 다 브로콜리 농사를 짓고 있습니다.

새롭게 모임을 만들려면 반드시 이득이 되는 요인이 있어야 합니다. 금전적인 이익을 떠나서 지식이라던지 재미 같은 무형의 이익이라도 있어야 한다는 거죠. 그리고 모든 모임은 처음에 시작할 때 누군가의 희생이 필요합니다. 모임을 지속하기 위해 기꺼이 노력하고 구심점이 되어 헌신할 수 있는 의지가 있어야 모임이 유지될 수 있기 때문입니다. 그 노력 덕분에 모임의 발전이 가능하고, 본인의 만족도도 높아질 수 있습니다. 가까운 친구에게 뜬금없지만 아이디어를 내고 생각을 물어보고, 친구들의 경험을 모아보세요. 경험이 모여 지혜덩어리가 되고 세월을 통해 연마된 집단지성이 움직이기 시작할 겁니다. 시작은 작더라도 크기를 키울 수 있는 기회가 많습니다. 이 확장이 꼬리에 꼬리를 물고 커진다면 거대한 하나의 커뮤니티, 공동체를 만드는 시작점이 될 수 있겠죠. 가뿐한 마음으로 문을 두드려보시길 바랍니다. 새로운 모임이 아니라 새로운 삶의 노크가 될 수 있습니다.

세대 차이를 극복하는
소통 잘하는 기술

"요새 젊은이들은 너무 버릇이 없다" 이 말이 어디서 나온 말일까요? 기원전 1700년경 수메르 시대 점토판에서 나온 글입니다. "요즘 아이들은 버릇이 없다. 부모에게 대들고 음식을 게걸스럽게 먹고 스승에게도 대든다." 기원전 425년, 소크라테스 *Socrates*가 한 말입니다. "요즘 대학생들 정말 한숨만 나온다." 1311년, 알바루스 펠라기우스 *Alvarus Pelagius*가 한 말입니다.

불과 며칠 전에도 들었던 것 같은 요새 애들이 버릇 없다는 말은 기원전부터 시작되었던 말입니다. 그런데 이렇게 말하는 '요새 애들'의 기준은 무엇일까요? 보통 '세대 차이'라고 하죠. 한 세대가 그 기준인데, 보통 몇 년을 한 세대라고 부를까요? 요즘은 시대가 달라지고 인간이 오래 살고 문화가 빨리 달라지면서 평균 18.5년이 한 세대라고 합니다. 그렇게 보면 현재 지구상에 있는 사람들을 세대로 구분지어 본다면 6~7세대 정도가 공존하고 있음을 알 수 있습니다.

6개의 세대가 공존하는 시대

가장 맨 위 1세대의 이름은 '묻지마세대'입니다. 이들은 일제 강점기를 거치고 6.25를 경험한 사람인데 인생 전반적으로 고생을 많이 한 세대라고 볼 수 있어요. 이 세대가 딱 지나고 나면 2세대인 '베이비붐 세대'가 등장합니다. 전후 1955년부터 시작해서 1963년까지 태어난 사람들입니다. 그 이후 3세대를 'X세대'라고 부릅니다. 1970년대에 태어나서 성장하고 본격적인 경제 성장으로 풍요도 경험한, 지금 기성세대죠. 다음으로 4세대입니다. 베이비붐 세대의 부모들이 낳은 아이들이라고 보면 됩니다. 이들을 일명 '밀레니얼 세대', 'M세대'라고 부르기도 합니다. 이 밀레니얼 세대들은 각자 자기만의 방이 있었고, 스마트폰을 자유롭게 사용했었습니다.

이후에 5세대 'Z세대'입니다. 1995년부터 시작해서 2009년 정도에 태어난 세대를 일컫습니다. 'Z세대'는 완전히 독자적으로 움직입니다. 개성이 충만하고 다른 사람들의 눈치를 보지 않고 자신의 삶을 우선시합니다. 그래서 내 삶에 기꺼이 투자합니다. 추후에 투자가 옳지 않다고 생각하면 기꺼이 그 삶을 때려치

우기도 하는 용감한 세대라고 볼 수 있습니다. 마지막으로 6세대입니다. 2010년 이후에 태어난 지금의 10대들을 '알파세대'라고 부르지요. 앞으로 2025년이 되면 7세대인 '베타세대'가 태어납니다. 이렇게 '묻지마세대'부터 '알파세대'까지 6개의 세대가 함께 공존하고 있는데 이들을 과연 같은 사람이라고 볼 수 있을까요?

나이로 분류하는 것을 수직적 종적 분류라고 한다면, 횡적 분류도 있습니다. 그 기준은 매체 소비패턴입니다. 대표적으로 유튜브를 예로 들어보겠습니다. 10대부터 2~30대, 8~90대에 이르기까지 전 세대가 유튜브를 시청합니다. 다만 똑같은 유튜브와 틱톡을 본다고 하더라도 실제 소비하는 콘텐츠는 완전히 다릅니다. 사람들은 수평적으로는 같은 매체를 사용하는 매체 민주화를 이룬 것 같지만, 사실상 그 안에서도 세대마다 매우 다른 콘텐츠를 소비한다는 것입니다. 즉, 우리는 같은 공간에 살고 있지만 수직적으로도, 수평적으로도 사실상 분리되어 있다고 볼 수 있습니다.

MZ 세대와 살아가야 하는 중년을 위한 조언

요즘 많이들 언급하는 'MZ세대'에 대해 자세히 살펴보겠습니다. 최근 기성세대와 함께 일해야 하는 대표적인 세대가 'MZ세대'입니다. 이들의 특징은 먼저 디지털 네이티브*Digital Native* 라는 것입니다. 'X세대'가 외부에서 반도체를 사용했다면 'MZ세대'는 반도체 칩이 장착된 채로 태어났다고 보시면 됩니다. 그리고 대단히 솔직합니다. 또한 자기 노출을 아름답게 하는 게 'MZ세대'의 또 다른 특성입니다. 동시에 SNS 네트워크를 통해서 엄청난 공감대를 형성하고자 하는 세대입니다. SNS에서는 누구라도 빠르게 친구가 되는 것을 후렌드*Whoriend** 라고 합니다. 굉장히 넓지만 그만큼 휘발성도 높아서 빠르게 돌아서죠. 대신 'MZ세대'는 행동력의 강자입니다. 원한다면 바로 선택하고 책임집니다. 이런 'MZ세대'의 특성은 다음 3가지의 난관에 봉착할 수 있습니다. 첫째, 세대 차이의 문제. 둘째, 공정에 대한 문제. 셋째, 보상에 대한 문제.

첫 번째, 세대 차이의 문제입니다. 이는 말 그대로 다른 세대와의 소통과 공존 과정에서 생기는 문제입니다. MZ세대는 기성세대와 언어가 다르고, 소통 방식이 다르고, 보상에 대한 기본적인 인식 또한 다릅니다. 저는 보통 기업에 가면 5개의 집단을 대상

● 태어나면서부터 디지털 기기에 둘러싸여 성장한 세대. 통상 1980년~2000년 사이에 태어난 세대를 일컫는다.

●● 누구를 뜻하는 후*Who*와 친구를 뜻하는 프랜드*Friend*를 합성한 신조어. 온라인 환경 속에서 누구나 친구가 될 수 있다는 의미다.

으로 강의를 진행합니다. 신입사원, 1년 차 직원, 중간관리자, 임원, 마지막으로 CEO. 이렇게 5개의 집단으로 나누고 강연을 하는데, 최근 기업에서 가장 신경을 쓰는 대상이 바로 1년 차 직원들에 대한 강의입니다. 이들의 이직률이 대단히 높기 때문이에요. 힘들게 대기업에 들어와서 1년 만에 훌쩍 나가버리는 거죠. 그러면 기업은 막대한 손실도 손실이지만, 무엇보다 그들이 떠나는 이유가 궁금합니다. 왜? 어째서? 이렇게 생각을 할 수밖에 없는 거죠. MZ세대는 자신이 충분히 보상받지 못한다고 생각거나 내 삶이 행복하지 않다고 생각하면 애써 일하지 않겠다는 겁니다. MZ세대는 어른 역할에 대한 기대감도 큽니다. 기대감이 큰데 일명 꼰대들에게 실망만 하니 말이 안 통한다 생각하고 돌아서 버리는 겁니다. 소통의 답답함을 단절로 통보하는 방식이지요.

MZ세대의 또 다른 특징으로 지루함을 견디지 못하는 것도 있습니다. 강연 프로그램인 〈세바시 : 세상을 바꾸는 시간 15분〉 아시죠? 처음에 이 프로그램이 나왔을 때 15분에 뭘 전달하냐는 우려가 많았다고 합니다. 그러나 지금은 15분도 길다고 이야기합니다. 15분은 지금 10대에게 견딜 수 없는 시간이에요. 시간이 갈수록 많은 콘텐츠와 기술이 더 짧은 호흡으로 압축할 수 있도록 노력하고 있습니다. 대학에서 강의를 해보면 아이들은 채 5분을 견디지 못합니다. 5분이 딱 지나면 SNS 하고 메일 보내면서 꼼지락거리기 시작합니다. 4분 이상의 동영상은 고개를 돌리고 2/3는 불평을 하며 학생들의 최고 집중력은 처음 강의 시작하는 딱 1분으로 끝입니다. 문제는 그들의 방식이 단절이건 뭐건 기성세대들이 이렇게 빠르게 진화하는 그들의 변화 속도를 맞추지 못한다는 겁니다. 이 속도의 차이에서 일어나는 갈등들을 모아서 세대 차이라고 생각하는 것입니다.

두 번째, 공정에 대한 문제입니다. 요새 MZ세대가 이야기하는 가장 핵심적인 주제는 공정과 주식, 둘 중 하나라고 합니다. 기성세대가 말하는 공정이란, '상부의 결정에 얼마나 충실한가?'라는 것이 전제입니다. MZ세대의 공정은 3가지의 전제가 있습니다. 첫째, 존대입니다. 똑같은 사람이라면 처음 만났을 때 반말하지 말고 존대하세요. 두 번째 경청입니다. 자신의 이야기를 마음에 안 들어도 끝까지 듣는 게 공정이라고 생각합니다. 세 번째 부족함을 인정하는 태도입니다. MZ세대가 기성세대보다 잘하는 부분이 분명히 있습니다. 정보력이나 기술력 등에서 확실히 앞서죠. 찍어 누르려고 하지 말고, 따라갈 수 없는 부분들은 솔직히 인정하라는 것이에요. 그들은 이렇게 말합니다. "당신의 부족을 먼저 인정하세요. 그러면 우리도 대화하겠습니다." 그다음 행동입니다. 이때의 행동은 파트너로서의 행동입니다. 'n분의 1'이라는 말을 자주 쓰잖아요. 행동도 n분의 1로 나누자는 이야기입니다. 우리는 같이 일하는 파트너라는 말이죠. 파트너는 지시하는 게 아니라 일을 나누는 것입니다. 그게 파트너로서 공정하게 일을 하는 거예요. 그런데 파트너로서가 아니라 일방적으로 결정한다면 듣지도 않고 먹히지도 않아요. 그것은 나를 파트너로 인정하지 않는 것이니까요.

가장 중요한 부분, 보상이 남았습니다. 본인은 이만큼 일했는데 보상을 넘어서 과도한 걸 요구한다면 고발, 고소까지 가지요. 이런 젊음의 공정이 어떤가요? 불편한가요? 어려운가요? 존대해라, 끝까지 들어라, 부족을 인정해라, 행동으로 보여라, 파트너라는 걸 기억해라, 그리고 보상해라. X세대와 베이비붐 세대가 이게 사회의 도덕이고 윤리라고 가르쳤습니다. 그렇게 배운 세대가 사회에 나와서 배운 그대로 실천하는 겁니다. 그런데 이걸 우리는 세대 차이라고 합니다.

세대 차이를 좁히기 위해 할 수 있는 것들

지금부터 세대 차이를 줄이기 위해서 무엇을 할 수 있을지 살펴보겠습니다. 첫 번째, 버릇에 관한 이야기입니다. '요즘 애들은 버릇이 없다' 이 말에서 '버릇'을 살펴보는 게 세대 차이를 줄이는 첫 번째입니다. 요즘 애들은 버릇, 즉 어떤 행동까지가 윗사람에 대하여 지켜야 할 예의라고 생각하는 걸까요? 그들만의 버릇을 찾아보세요.

두 번째 규칙을 마련해야 합니다. 소통의 핵심은 규칙입니다. 규칙이 충분히 상호적으로 납득될 때 '그 사람은 나랑 잘 통해'라는 말을 하거든요. 규칙이라는 건 여러 가지가 있겠지만, MZ세대가 이야기하는 규칙을 한 번쯤 고려해보면 어떨까요? 그들이 말하는 규칙은 기성세대가 가르쳤던 규칙이고 그들이 지금 실천하고 있는 규칙이니까요. 우리도 어쩌면 그 규칙을 공유하고 있습니다. 앞서 이야기한 존대하자, 기꺼이 끝까지 듣자, 부족을 인정하자, 먼저 행동으로 솔선수범을 보여주자, 파트너임을 늘 기억하자, 충분히 일한 만큼 보상하자는 규칙들을 지켜주세요. 멀리 떨어져 있던 젊은 세대의 사람을 더 가까이 다가오게 하는 중대한 출발점이 될 겁니다.

그리고 마지막으로, 상호 공감이라는 개념입니다. 서로 정서적 공감을 하되, 너와 내가 서로를 발견하고 인정하면서 상호 성장이 됩니다. 서로를 성장시키면서 상호 관계를 만들어가는 걸 인터퍼시*Interpathy*, 상호 공감이라고 합니다.

지금처럼 100세 시대에 중년은 젊은 사람들과 더 오래, 끊임없이 일해야 할 겁니다. 젊은 세대 또한 기성세대와 일을 해야 할 거고요. 그렇다면 이제 서로 간의 규칙을 새로 정해야 하지 않을

까요. 서로의 버릇을 찾고 상호 공감을 위해 무엇을 할지에 대해
머리와 입, 마음을 맞대는 세대의 입맞춤이 필요합니다.

4장

나이 들수록

멋있어지기 시작했다

중년은 통찰력과 지능이 높아지는 최적의 시기

남부터미널역에 내려서 택시를 탔습니다. "거기가 어디였더라. 음… 기사님, 전설의 고향까지 가주세요" 그러면 기사님께서 알아서 예술의 전당에 데려다준다지요? 머리에서 단어가 맴돌지만, 입 밖으로는 나오지 않아 답답합니다. 막상 말이 나오긴 했는데 엉뚱한 말이 튀어나와 당황스럽습니다. 중년에는 이런 일들이 흔하게 일어납니다. 이것을 '설단 현상'*이라고 합니다. 어디 말뿐인가요. 심지어는 내가 낳은 자녀의 이름도 까먹기도 하더라고요. 이런 일들은 대개 중년에서부터 시작됩니다. 그런데 지금의 중년은 몇 살일까요?

● 말을 하려 할 때, 말문이 막히면서 무엇을 말하려고 했는지 정확하게 생각이 나지 않아 말로 표현하지 못하는 현상. 또는 전달해야 할 내용은 생각이 나면서도 말로 곧장 표현하지 못하고 우물쭈물하는 현상.

중년에야 비로소 신을 닮은 지혜를 갖게 된다

한국인들을 나이 순서대로 줄을 세우면 맨 가운데 있는 사람의 나이(중위연령)는 '만 41세'입니다. 그래서 보통 중년의 나이를 만 41세부터 세는 것입니다. 유엔은 2015년에 인류의 체질과 평균수명 등을 고려해 생애주기를 5단계로 나눴습니다. 0~17세는 미성년자, 18~65세 청년, 66~79세 중년, 80~99세 노년, 100세 이상은 장수 노인으로 분류했어요. 이 기준에 따르면 만 79세까지가 중년이니, 참으로 중년의 시기가 길기도 깁니다.

심리학계에서는 중년을 40세부터라고 보지만, 요즘 40대가 자신을 중년이라고 생각할까요? 생각하지 않죠. 진짜 중년의 시작은 '오십'부터입니다. 그 이유는 돋보기를 쓰고 새로이 재학습을 시작해야 하는 때가 바로 중년이기 때문입니다. 케임브리지 대학의 데이비드 베인브리지 David Bainbridge 교수는 젊은 층과 비교해 중년 집단의 지능을 연구한 결과, 이렇게 말했습니다. "우리는 중년에야 비로소 신을 닮은 지혜와 이성과 기억력을 갖게 된다."[23] 사람과 세상, 사건을 판단하고 통찰하는 능력이 중년에 현저히 높게 나타나더라는 겁니다.

또 다른 연구도 있습니다. 펜실베이니아 주립대학의 연구진들의 '시애틀종단연구' 결과인데요. 인간에게 있어서 총체적이고 종합적인 지능이 어느 시점에 가장 높은가 알아보았더니 바로 중년이었다는 결과가 나온 겁니다. 남성은 50대 후반 정도에 종합적인 지능이 가장 높아지고요. 여성 같은 경우, 60대 중반 이후에도 꾸준히 지능이 높아진다는 결과가 있습니다.[24] 중년에서 생애 가장 높은 지능을 가진다는 것은 아주 고무적인 이야기죠. 배움의 때가 있다고 하는 이야기도 다시 생각해봐야 하지 않나 싶습니다.

그런데 사실 지능이 높기 때문에 공부하라는 건 아닙니다. 옛날에도 우리는 공부는 했죠. 하라고 하니까 했습니다. 그런데 중년 이후의 공부는 하라고 해서 하는 학습이 아닙니다. 자발적 학습의 영역이지요. 왜 공부를 하나고요? 내가 하고 싶으니까. 심지어 공부를 못해도 괜찮습니다. 왜? 아무도 나에게 회초리를 들이대지 않거든요. 또 한 가지, 중년 이후의 공부는 그 전의 공부보다 훨씬 몰입도가 있다는 특징이 있습니다. 성취도도 더 크게 나타나고요. 이건 굉장히 흥미로운 일입니다. 이런 과정들을 여러 번에 걸쳐서 경험했던 사람들은 나이가 들수록 삶의 질이 높아지고 삶의 만족도 역시 높아집니다.

앞서 말한 '액티브 시니어'라 불리는 활동적이면서도 의미 있게 나이 드는 중년의 비밀은 무엇일까요? 그들이 몰두하는 가장 중요한 활동 중의 하나가 학습이었습니다. 이 학습 활동을 꾸준히 하는 사람들은 그렇지 않은 또래 군과 비교했을 때 훨씬 더 수

명이 길고 삶의 만족도도 높았습니다.[25] 심지어는 나중에 이 사람들의 유품을 정리하니, 글로 쓴 기록의 유품들이 훨씬 더 많기도 했죠. 그런데 나이 들어서 무슨 공부 하냐고 묻는 분들이 많습니다. 중고등학교, 심지어 대학원까지 나온 분들도 계시는데 도대체 무슨 공부를 더 해야 하는 걸까요?

중년 이후의 학습은 2가지로 구분될 수 있습니다. 첫 번째는 생계 중심의 학습입니다. 흔히 자격증 중심의 학습인데요, 때로는 이걸 통해서 제2의 인생을 위한 취업 준비가 될 수도 있습니다. 이 공부는 목표 중심이기 때문에 결과마저도 좋다면 최상의 과정이라고 볼 수 있습니다. 그런데 이것 말고 두 번째 학습도 있습니다. 중년에 할 수 있는 가장 신나는 사치가 바로 '학습'입니다. 주변에 보면 노인대학뿐 아니라 중년대학, 장년대학, 주부대학, 사이버대학, 국가에서 운영하는 통신대학도 있습니다. 최근엔 유튜브를 기반으로 하는 대학도 생겼습니다. 그리고 끊임없는 정보를 제공하는 대중 강연이 주기적으로 열리는 경우도 많습니다.

지능을 효과적으로 높이는 중년 학습의 원칙

중년 학습의 원칙 첫 번째, 무엇을 공부하냐가 아니라 '어디서' 공부하냐가 중요합니다. 어떤 공간에서 누구와 함께 공부하는가가 굉장히 중요해요. 또래도 괜찮고, 나이 차가 많아도 상관없습니다. 물론 혼자서 은근과 끈기를 가지고 지식의 향연을 즐기는 것도 좋을 겁니다. 그러나 집단 속에서 하는 공부는 학습의 기쁨과 애로를 나누고, 동시에 적당한 수준의 경쟁까지 유발해 의욕을 자극하지요. 사람이란 누군가 의미 있고, 깊이 있게 듣는 모습을 보는 것만으로도 무의식적으로 관심을 가지게 됩니다. 일종의 '동조효과'라고 해야겠지요.

중년 학습의 원칙 두 번째, 정기적으로 공부한다는 게 핵심입니다. 정해진 기한은 없지만 정기적으로 함께 그 공간에서 만나야 합니다. 그게 사이버 공간이든 오프라인 공간이든 상관없습니다. 정기적으로 공부함은 일상에 패턴을 만들고 리듬을 줍니다. 최종적인 목적지를 향해가면서 기말고사나 종강과 같은 종착지, 성취를 차차 밟게 되는 것이지요. 비슷한 목적을 가진 사람들이 정기적으로 학습콘텐츠를 공유한다는 것은 지성인 집단의 일원이 되는 것이자 함께 호흡을 맞춰 걸어가는 패키지 여행에 동참하는 일 겁니다. 같은 곳에서 물을 마시고, 비슷한 지점에서 쉬어가는 학습 패키지여행을 간다고 보시면 됩니다. 정해진 코스를 따라 가는 건 안정감을 주지요. 커리큘럼을 따르며 점점 똑똑해진다는 느낌을 가지게 되기도 하고요. 항상 똑같은 사람들과 함께 동일한 학습을 함께 진행하다 보면 인간 관계망까지 형성하게 됩니다. 앞서 말했듯이 중년 시기에 반드시 해야 할 일은 학습 관계망을 만드는 거예요.

아무런 학습 공간에 가지 않는 이유에는 시간 부족의 문제만은 아닙니다. 중년 이후가 되면 시간이 놀라울 정도로 증가해 하루 여가 시간이 13시간 이상인 경우도 많습니다. 그 여가 시간 동안에 무엇을 할 건가요? 뭔가를 하고 싶어도 집 나서면 돈입니다. 어디 가서 커피 한 잔 마셔도 몇천 원이 나갑니다. 만만한 돈이 아니에요. 만약 자녀의 입장에서 부모님이 움직였으면 하는 바람이 있다면 먼저 학원이나 강의를 등록한 다음에 권하는 것이 가장 좋은 방법입니다.

반대로 부모는 나가고 싶은데 자식들이 못 가게 하기도 합니다. 바로 손주를 봐주고 있기 때문인데요. 이런 경우는 2가지 방법을 쓸 수 있죠. 하나, 아이를 봐주더라도 학습 시간만큼은 봐줄 수 없다고 미리 선언하는 겁니다. 나만의 시간은 지켜야 나머지 시간도 침해받지 않을 수 있습니다. 그렇게 나만의 시간을 딱 내놓는 것도 하나의 방법이 될 수 있습니다.

두 번째는, 요새 온라인이 워낙에 잘되어 있습니다. 온라인에 수많은 학습 공간들이 있고, 시스템도 잘 마련되어 있습니다. 어느 날 어떤 부부를 만났는데 남편은 72세, 아내는 56세였습니다. 그런데 부부가 같이 양자역학을 설명하는 유튜브를 보시더군요.

그래서 제가 그 영상이 이해되시냐고 여쭤봤어요. 그랬더니 그분들이 동시에 "모르겠어요"라고 답하더라고요. "근데 왜 보세요?" 했더니 "보면 좀 알까 싶어서요"라고 하더군요. 이게 학습 동기입니다. 처음부터 아는 게 어디 있어요. 아는 것만 찾아보는 게 아니라, 모르는 것도 경험해보는 거예요. 세상이 무한대로 열려 있잖아요. 중년 이후의 삶을 위한 세상이 완벽하게 도래했습니다. 그리고 중년 이후에 늦깍이 공부를 시작해서 학습에 대한 만족도가 가장 높았다는 사람들의 공통적인 특징은, '내 돈 내고 하는 공부'였다는 것입니다. 돈이 아까워서라도 공부하고, 심지어 끝까지 합니다. 자기 투자가 있는 곳에 자기 열정과 열매가 있습니다.

내 돈 주고 시작한 학습 모임에 가면 나와 비슷한 열정, 나와 비슷한 환경을 가지고 있는 사람들의 소규모 네트워크가 또 만들어집니다. 때로는 비용이 들기도 합니다만 비용과 관계없이 제일 중요한 것은, '시작'입니다. 다만 그 시작은 내용에 방점을 두지 마세요. 어디로 갈 것인가 하는 공간만 생각하세요. 대부분 그 공간 안에 모든 학습 주제들이 다 있습니다. 가는 행위, 그 행위가 발생해야 학습은 시작되는 겁니다. 가장 먼저 눈에 보이고 머리에 떠오르는 공간에 발부터 들여놓는 겁니다. 그게 바로 중년 이후에 학습의 첫 번째이자 가장 뜨거운 걸음이 될 것입니다.

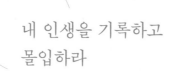

내 인생을 기록하고
몰입하라

문자와 카톡, 유튜브와 틱톡 등이 시각적 감각을 잠식한 지 오래입니다. 글로 쓰는 것보다 훨씬 빨리 보내고 많이 보내니 그야말로 가성비 최고이고, 눈으로 보고 댓글로 확인하니 선택의 고민도 확연히 적어 가성비와 가심비 역시 최고입니다. 그중 TV를 넘어선 독보적 정보 창구로 유튜브가 대세이지요. 유튜브 안에 일단 들어가기만 하면 세상의 모든 것을 무차원적이고 무공간적이며 무시간적으로, 심지어 언어적 경계와 문화적 경계를 넘어 사람들에게 글로벌한 문화 경험을 제공합니다.

과거엔 스타를 듣기 위해 라디오에 밤새 귀를 쫑긋 세웠던 사람도 있을 겁니다. 물론 스타 중 스타는 TV 스타였지요. 퀸의 노래처럼 '비디오가 나오고 라디오 스타는 끝장났다*Video kills the radio star!*'더니 정말 TV 스타들은 우리 눈과 귀를 완전히 사로잡았습니다. 저도 그룹 신화의 팬이었지요. 그리고 이제 스마트폰 속 평범한 이들의 대반란이 시작되었습니다.

나를 기억하는 가장 좋은 방법

유튜브는 평범한 사람들도 스타가 되게 하는 새로운 개인 서사시대를 열면서, TV 전성시대를 끝내고 있습니다. 옛날 스타들과는 다르지요. 매우 특별한 사람들 대신 꽤 평범한 사람들이 화면에 들어앉아 그야말로 평범한 이야기로 콘텐츠를 만들어 전하지만 반응은 폭발적입니다. 강아지 고양이만 나와도 몇십만 조회수가 나오고, 할머니 혹은 주부가 일약 스타가 되기도 하지요. 저처럼 평범한 일개 교수도 강의로 나름 조회 수가 나오는 사람이되었으니 말입니다.

이제 알게 된 거지요. '아, 평범한 일상도 역사가 될 수 있구나! 나의 평범함도 콘텐츠가 될 수 있는 거구나'를 말입니다. 참으로 별 볼 일 없는 이야기, 너무나 평범한 이야기가 사람들이 보고 듣고 환호하는 대상이 될 수 있습니다. 그렇게 봤을 때 개인 역사로 치자면 최소한 반세기 이상의 기억을 가진 나, 소소하지만 젊어도 보고 늙어도 본 나, 풍요도 겪었지만 좌절도 해본 나, 넘어져도 봤지만 여러 번 일어나 본 나의 역사야말로 순간마다 드라마고, 최소 50부작은 되는 작품이라고 할 만합니다.

기록을 좀 남겼으면 좋겠습니다. 역사는 쓰는 자의 것이니까요. 영상으로 남겨도 좋지만, 우리는 용기가 없고, 드러내고 싶지 않은 것투성이니, 남몰래 야사처럼 글로 살짝 남겨보면 좋을 듯합니다. 호모 스크립투스*Homo Scriptus*라는 말이 있지요. 기록하는 인간이라는 뜻입니다. 인간은 근원적으로 뭔가를 남기고 싶어 하고 자신을 드러내어 의미를 부여하고 싶은 특징이 있지요. 이걸 '자기쓰기 DNA를 가지고 있다'라고 설명해도 좋을 듯합니다. 이제 나이도 좀 먹었고, 누구나 말할 수 있는 세상이고, 쓸만한 시간도 있고, 못써도 욕할 사람도 없는 그런 나이가 되었습니다. 다른 사람 신경 안 쓰고 글을 쓸 수 있지요. 그렇다면 나만의 기록을 시작하면 좋겠습니다.

기록의 힘은 몰입의 힘

얼마전 영화 <아바타: 물의 길>을 봤습니다. 영화를 마치고 나서 알았는데, 그 영화는 상영시간이 3시간 12분이었습니다. 그 긴 시간이 어찌 흘러갔는지 모를 정도로 넋을 놓고 보았습니다. 이렇게 뭔가에 정신이 팔려 시간 가는 줄 모르고 빠져드는 것을 몰입이라고 부르지요. 이렇듯 몰입은 사람이 현재 하는 일에 집중하면서 경험하게 되는 에너지 쏠림현상입니다. 몰입할 때 우리는 완전히 빠져들지요. 지금의 현실을 완전히 잊어버리듯,

홀린듯 다른 세상에 쑥 들어가게 됩니다. 지식에 빠져들기도 하고 놀이에 빠져들기도 하지요. 심지어는 결말이 뻔한 드라마나 이전에 봤던 드라마도 흠뻑 빠져서 봅니다.

몰입 이론의 창시자인 칙센트 미하이는 몰입했을 때의 느낌을 '물 흐르는 것처럼 편안한 느낌', '하늘을 날아가는 자유로운 느낌'이라고 했습니다. 일단 몰입을 하면 몇 시간이 한순간처럼 짧게 느껴지는 시간 개념의 왜곡 현상이 일어나고 몰입하는 대상이 더 자세하고 뚜렷하게 보이게 됩니다. 몰입 대상과 내가 마치 하나가 된 듯, 혹은 마치 내가 사라진 것 같은 경험을 한다고 하지요. 흥미로운 것은 몰입은 학습과 노력을 통해 도달할 수 있다는 점입니다.[26]

그러면 우리가 몰입을 잘하기 위해서는 어떻게 해야 할까요? 일단 여러 가지 일을 해야 하는 상황을 줄이고, 하나의 일을 유지하는 것이 중요합니다. 멀티태스킹*Multitasking*을 줄이라는 말이지요. 그리고 생각만 하는 것이 아니라, 생각을 눈에 보이도록 하면 훨씬 더 몰입이 잘 됩니다. 머릿속에 있는 것을 눈에 보이게 글을 쓰는 행위는 몰입뿐만 아니라 행동도 더 오래 유지가 됩니다. 이런 면에서 나의 글을 한번 써보자는 겁니다. 쓰기 효능감도 높아지고 매우 치유적이기도 합니다.[27]

글을 써서 책을 출판하거나, 작가가 되자는 건 아닙니다. 그저

나라는 사람에 대해 한번 써보자는 겁니다. 거대한 서사 드라마를 쓰기보다 오늘 하루의 일을 소설처럼 혹은 일일 드라마처럼 써보면, 등장인물, 대화 내용, 심리적인 갈등, 그래서 결론은 어찌 되었나 등 할 얘기들이 영화감독이 시나리오를 보고 영화 찍는 기분으로 장면을 구성할 수 있을 겁니다. 나에게 몰입해보는 이 특별한 시간은 나를 돌아보는 성찰력도 갖게 하겠지만, 나도 내가 주인공이 될 수 있고, 작가도 될 수 있으며, 나를 글에 담아보는 매우 특별한 경험을 하게 되지요. 자기치유는 이렇게도 가능합니다.

특히 나의 멋진 면, 아름다운 면, 괜찮은 면 등 내 모습을 돌아보는 글부터 써보시기 바랍니다. 스스로 써보는 나의 성장 보고서인 것이지요. 어찌 쓰나 싶지만 막상 쓰면 그처럼 치유적일 수 없습니다. 저는 제 수업을 듣는 학생들에게 반드시 과제로 내는 것이 있는데요. 바로 '자기성장 보고서'를 과제로 냅니다. 처음 써보는 글임에도 보고서 마지막에는 처음으로 자신을 발견했다는 고백이 대부분입니다. 과제 때문에 썼지만 쓴 후에는 속이 시원하고 힐링이 된다는 글들이 대부분이고요. 여러분도 꼭 한번 써보시기 바랍니다. 나에게 집중하는 나의 성장 보고서를 말입니다.

나는 쓴다, 고로 나는 존재한다

할 수만 있다면 매일 글쓰기를 하시기 바랍니다. 아무 생각이든, 별 차이 없는 일상이든 상관없습니다. 오늘의 일기를 써도 좋고, 이전의 기억을 찾아 생각나는 대로 적는 것도 좋습니다. 어차피 출판할 생각은 없으니 순서가 뒤죽박죽이어도 좋고, 이래저래 기억이 가물거리면 좀 있어 보이게 연출해도 좋을 겁니다. 역사는 기록한 자의 것이고 내 역사를 누가 검증하지도 않을 테니 걱정말고 일필휘지, 그냥 훅 써보기 시작하세요! 놀라운 건, 일단 쓰면 멈출 수 없을 겁니다.

세계사 알면 좋지요. 한국사도 알면 좋을 겁니다. 그러나 내 역사는 누가 읽어주나요. 가족의 역사는 누가 기억해주나요. 데카르트가 '나는 생각한다. 고로 나는 존재한다'라고 했지요. 코기토 에르고 숨! *Cogito ergo sum!* 나의 생각, 나의 존재도 있다는 것을 남겨 보자고요. 나와 나의 가족이 존재하고 있고, 존재했다는 것을 기록으로 남겨보시기 바랍니다. 내 기록을 남기기만 한다면 반드시 가족의 기억이 될 것입니다. 나의 기억이 곧 가족의 기억이니까요.

기억은 휘발성이 강해서 날아가버리지요. 영화 <벤자민 버튼의 시계는 거꾸로 간다>에 보면 늙은 몸으로 태어나서 점점 젊어지다 결국 어려진 벤자민이 5살경 되었을 때 '아주 오래 산 것 같은데 기억이 나지 않는다'라고 말하지요. 어떤 일을 남기고 싶을 때 기억에만 의존하는 것은 좋지 않은 방법입니다. 기억이란 매우 짧고 왜곡될 수 밖에 없지요. 그러니 글로 쓰며 몰입의 기쁨과 존재의 기쁨을 동시에 경험하시기 바랍니다.

삶을 돌아보고 노년을 바꾸는
성찰일지의 힘

어제 뭐 하셨어요? 기억 안 나시죠. 저도 기억 안 납니다. 어제 일도 기억이 가물가물한 나이가 되었습니다. 나에게 이런 시기가 올 줄은 생각지도 못했는데, 결국 우리의 기억은 깜빡깜빡합니다. 가만히 과거를 돌아보면, 인생에서 많은 것들을 기억한다고 생각했는데 놀랍게도 남은 기억이 별로 없어요. 반면 이상하게 수치스러웠던 기억은 여전히 또렷합니다. 기뻤던 기억은 언제 있었는지 기억도 안 나는데 말이죠. 낮아진 기억력을 심각하게 고민하다가도 과거를 돌아볼수록 앞으로 좀 좋은 사람이 됐으면 좋겠다고 생각하게 됩니다. 그런데 어떻게 해야 괜찮은 사람이 될까요? 뭘 하면 조금은 나은 사람이 될까요? 이런 고민을 해소해줄 수 있는 중년 성찰일지를 추천드립니다.

중년 성찰일지가 가져오는 놀라운 기적

"자녀가 4세 되던 해의 8월, 그때 무슨 일이 있었는지 기억나시나요?" 이렇게 물으면 답하실 수 있나요? 아무도 기억하지 못합니다. 다만 큰 아이가 학교에 입학해 첫 방학을 맞은 여름, 물놀이를 갔다가 빠져 죽을 뻔한 일은 선명히 기억합니다. 이런 작은 기억의 조각들이 모여 마치 모자이크를 만들듯 인생 모자이크, 나만의 독특한 작품이 되는 것이지요. 누군가는 모자이크가 마음에 들겠으나, 어떤 사람은 부끄럽기도 하고 심지어는 보고 싶지도 않을 수 있습니다. 그러나 어쨌든 내가 만든 작품인 인생 모자이크를 좀 더 값지고 의미 있게 하기 위해서는 무엇이 필요할까요? 저는 이런 고민을 하는 사람에게 성찰일지를 권합니다. 성찰일지는 말 그대로 성찰을 위한 일지예요. 의도가 있고 과정이 있는 일지입니다. 그 과정을 일주일만 거쳐보세요. 객관적인 시각을 갖는 게 어떤 것인지, 세월 속에서 내가 내 삶에 어떤 새로운 선택을 할 수 있는지 확인하게 될 겁니다. 이제 중년 성찰일지를 쓰는 법을 알려드리겠습니다.

첫 번째, 제일 중요한 건 역시 관찰력입니다. 그중에서도 자기관찰을 뜻합니다. '내가 오늘 어떤 일 있었나?' 이걸 분명하게 짚어보는 겁니다. 시간의 순서에 따라서 내가 함께했던 사람들, 함께했던 일들, 함께 있었던 상황들을 한번 쭉 생각해보고 적어보는 거예요.

두 번째, 특정한 사건을 기술해보는 겁니다. 시간적 순서에 따라 나의 생애 연대기를 쭉 적어보세요. 그리고 그중에 특정한 사건들에 동그라미를 쳐서 밖으로 꺼내는 겁니다. 꺼내서 사건을 자세히 써보세요. 그러면 자기 인식이 일어납니다. '아, 적어보니 이 일은 내 잘못만은 아니었네!' 막상 적어놓고 보면 그 사람이, 그 일이, 그 상황에 대한 평가나 이해가 전과는 많이 달라집니다. 생각하는 것과 자세히 기술해보는 일은 참으로 다릅니다.

세 번째, 더 깊이 자기 인식을 해보는 거예요. 가장 최근의 사건을 두고 이런 질문들을 던지는 겁니다. '이 사건이 왜 일어났을까?', '이 일은 어떻게 될까?', '이 일이 나한테 어떤 의미일까?', '나는 왜 이 사건이 의미 있다고 생각할까?' 이렇게 자기 생각을 쪼개보는 겁니다. 이걸 '분석'이라고 부릅니다. 질문을 적어놓고 매일 답하는 방식이지요. 질문에 답을 하면서 덩어리가 쪼개어지고, 쪼개어진 조각들에서 원인과 과정, 영향력, 가치, 변경 가능성 등을 보게 되지요.

이러한 과정을 거쳐서 마지막 네 번째가 자기 평가를 내리는 겁니다. 성찰일지는 아무도 보지 않아요. 나 혼자 하는 것이기 때문에 어떻게 쓰든 괜찮습니다. 부끄러운 일도 괜찮아요. 내 마음대로 쓰세요. 이성, 감성, 상상력까지 뭐든 소환하셔서 적는 겁니다. 그 해법이나 대안이 가능하든 불가능하든 전혀 상관없습니다. 어쩌면 너무나 황당한 해법 중에 정답이 나올 수도 있으니까요. 생각의 과정 자체가 성찰입니다. 다음 페이지에 성찰일지 예시를 수록해두었습니다. 참고해서 딱 일주일만 써 보세요.

이런 성찰일지를 저널링*Journaling*이라고 합니다. 저널링은 일기랑은 좀 다릅니다. 일기는 하루 있었던 일들을 기술하고 정리한 후 감정과 다짐을 적어가는 것이라면, 저널링은 특정한 사건을 콕 집어 그 부분을 구체적으로 적고 평가하는 과정입니다. 일기가 순서를 따라가는 시간과 사건의 진술이라면, 성찰일지는 부분을 파고 들어가 자세히 뜯어보는 것이라 '사건돋보기'라고 보시면 됩니다.

예를 들면, 오늘 아침부터 저녁까지 여러 일이 있었지만, 그중 오늘 가장 인상적이고 짚고 넘어가야 할 사건이 있을 겁니다. 그중 2시경 남편과 싸웠다고 한다면, '오늘 남편과 싸웠다. 평생 살았지만 참 밥맛 없다' 이렇게 시작하는 것이지요. 싸움, 그리고 나의 감정을 먼저 가볍게 적어요. 주제와 감정을 넣은 '자기 관찰'입니다. 이어서 사건을 자세히 적으세요. 큰 스토리만 적을 수도 있겠으나, 마치 드라마 CSI 검찰관 이 된 것처럼 적으면 좋습니다. 〈시간은 2시경이었다. 12시에 점심을 먹은 후 1시경 잠시 민서네 아빠를 만나고 들어오더니 다짜고짜 내게 '당신은 무슨 말을 하고 댕기는 거여!'라고 소리를 지르기 시작했다〉처럼 상황과 말을 가능한 자세히 옮기면서 사건을 자세히 적기 시작하세요. 디테일이 살아나게 자세히, 말투까지 자세히 적으면 좋습니다. 〈'갑자기 왜 그러느냐, 왜 갑자기 소리를 지르고 그러냐, 그렇게 이유를 말하지 않고 소리부터 지르면 어떻게 하냐.'〉 이런 방식으로 제3자가 보아도 드라마 시나리오를 읽듯 알아차릴 수 있게 쓰는 거지요.

이어 세 번째 단계인 '자기 인식'을 시작합니다. '아, 내가 민서 엄마가 말을 옮길 거란 생각을 안 했구나, 남편에 대한 흉이 될 거라 생각을 못 했구나, 남편이 그 자리에 있었으면 그 말을 절대 하지 않았을 텐데 그런 말을 했던 것은 잘못한 것이 맞고, 민서 엄마가 그 이야기를 민서 아빠한테 할 거라는 생각을 미처 못 했고, 말한 나도, 비밀을 지키지 않은 민서 엄마도, 주책없는 민서 아빠도 모두 문제다.' 객관적으로 상황을 평가하는 것이지요. 그리고 네 번째가 '자기평가'입니다. 여기에는 나의 실수를 어떻게 수정할 것인지, 앞으로 어떻게 하는 게 좋을지를 적고 다짐까지 적으면 됩니다. 마지막으로 나의 다짐을 구체화하고 도움이 될 행동을 적어보는 것입니다.

중년 성찰 일지

날짜	
제목	
자기 관찰	어떤 일이 일어났나요?
사건 기술	사건을 육하원칙에 따라 자세히 기술하기
자기 인식	왜 그 일이 일어났을까?
자기 평가	이 일은 어떻게 될까? 무엇을 해야 할까? 그러면 무엇이 달라질까?
나에게 필요한/요청할/ 가능한 도움은 무엇인가? (가족, 동료, 친구, 책 등)	

중년 성찰 일지

날짜	2023년 3월 10일
제목	눈썹 문신이 그렇게 싫은가?
자기 관찰	어떤 일이 일어났나요? 오늘 오후 3시 남편과 눈썹 문신을 두고 대판 싸웠다.
사건 기술	사건을 육하원칙에 따라 자세히 기술하기 오후 3시 집에 온 남편이 내가 눈썹 문신한 것을 보자마자 격분을 했다. "도대체 말도 없이 왜 눈썹을 건드린거야!" 그렇게 소리지르는 모습은 처음이었다. 얼굴 이 빨개지고 몸을 이리저리 어쩔 줄 모르고 숨을 몰아쉬었다. 갑자기 창문을 모 조리 닫기 시작했다. 마지막 창을 닫고는 고래고래 소리를 지르기 시작했다. "내 가 몸은 절대 건드리지 말랬잖아!" 이 말을 소리를 질러 가며 15번쯤 했다. 그때 나는 너무 놀라 한마디도 못하고 방문을 닫고 나와서 펑펑 울었다. 한참 후 남편 이 와서 "몸은 절대 건드리지 말아라. 한 번 더 건드리면, 가만히 있지 않겠다"며 나를 다시 토닥거렸다. "소리를 질러 미안하다. 너무 화가나서 그랬다. 그러나 앞 으로는 절대 몸에 손을 대지 마라"라고 했고 나는 알겠다고 대답했다.
자기 인식	왜 그 일이 일어났을까? 1. 나는 눈썹 문신이 하고 싶었어. 남편은 눈썹 문신이나 수술 시술처럼 몸을 건 드리는 걸 싫어하지. 2. 알고 있었지만, 물어보면 하지 말라고 할게 뻔하니 그냥 진행했지. 3. 내가 눈썹 문신은 하지 않겠다고 일전에 약속을 했으니 내가 잘못한 것이지. 4. 남편이 소리를 지를 정도면 정말 화가 났다는 것이고. 5. 나는 왜 남편이 소리를 지르면 울까. 못난이.
자기 평가	이 일은 어떻게 될까? 무엇을 해야 할까? 그러면 무엇이 달라질까? 리터치를 해야 하는데 어쩌나. 이 눈썹은 남을 것이고 다음 번에는 남편 몰래 한 번 더 해야 될 것인가. 살짝 고민이 된다. 한번 더 하면 그건 약속을 두 번 어기는 거겠지. 눈썹보다는 남편이 중요하지. 남편은 내 모습, 있는 그대로의 나를 사랑하는구나. 남편 감정이 가라앉을때를 좀더 기다려서, 사과를 하되, 소리를 지르지는 말라고 얘기해야겠다.
나에게 필요한/요청할/ 가능한 도움은 무엇인가? (가족, 동료, 친구, 책 등)	남편 반대에도 눈썹 문신을 잘 해낸 영숙이에게 비결을 물 어보거나 유혹이 몰려올 때는 나가서 달리거나, 잘못된 문 신 사례를 봐야지.

중년 성찰일지는 나를 위한 셀프 멘토링

성찰일지를 써보면 쓸수록 논리 구조가 생깁니다. 모호한 생각의 과정을 훑고 내가 생각하고 행동하고 어떤 것에 가치를 두는지 알 수 있습니다. 이런 과정의 성찰이 삶에 대한 조정과 통제로 이어집니다.

월요일부터 일요일까지 일주일 동안 성찰일지를 써보는 겁니다. 일요일에는 일주일 치를 다 보게 되는 거죠. 이렇게 일주일을 쭉 보면 월요일의 일이 화요일에는 상당 부분 마음의 정리가 됐다는 걸 확인할 수 있습니다. 그리고 월요일과 화요일이 뭉쳐져서 수요일의 행동을 바꾸게 돼요. 그걸 자신이 써놓은 일지를 통해서 확인하게 되는 겁니다. 그럼 목요일엔 월, 화, 수요일에 있던 일에 대해서 훨씬 더 고난이도의 성찰이 일어나요. 같은 방식의 성찰이 반복되는 것 같지만 거기에 항상 플러스, 마이너스가 있습니다. 문장의 나열이나 논리의 나열 방식마저도 달라질 수 있거든요. 그러고 금요일과 토요일을 거쳐서 일요일이 되면, 내 일주일에 대한 거대한 그림을 보게 될 겁니다.

이렇게 일주일의 사이클이 만들어집니다. 기분의 변화, 그리고 내가 이 부분을 어떤 식으로 처리했는가에 대한 여정을 확인하게 됩니다. 성찰일지만큼은 일주일을 해보면 습관이 되기 쉽습니다. 이게 가지고 있는 어마어마한 효과를 확인하게 되거든요. 보통 어떤 행동이 습관으로 자리 잡기 위해선 21일 이상이 필요하다 이야기하지요. 3주까지 가겠나 싶겠지만, 일단 일주일 해보면 두 번째 주간에 성찰일지는 더 쉽게 작성할 수 있을 겁니다.

중년은 나이만큼 리플랙션*Reflexion, 성찰*해야 됩니다. 반영하고 살펴야 하는 거예요. 그런데 반영과 성찰, 어떻게 해야 할까요? 내가 나를 물리적으로 볼 수 있고, 나를 확인하는 것, 이 절차에 의미를 부여해서 최종적으로 변화의 방식까지 내가 선택하고 반복하는 것, 이것을 우리는 멘토링*mentoring*이라고 부릅니다. 성찰일지 자체가 셀프 멘토링입니다. 보통 멘토들이 하는 역할이 스스로 지침과 방향을 설정할 수 있도록 돕고, 뚜벅뚜벅 잘 가고 있는지 확인까지 하는 것이잖아요. 중년 성찰일지는 곧 자기 멘토링, 셀프 멘토링으로 이어지는 거죠.

중년 성찰은 나의 역사가 된다

이 성찰 과정을 여러분 자녀들이 안다면 어떻게 생각할까요? 이 과정을 배우자가 본다면 배우자는 여러분을 어떻게 생각할까요? 이 과정을 다음 세대가 혹은 그다음 세대가 본다면 이건 뭐가 될까요? 이게 바로 역사가 됩니다. 그래서 수많은 사람이 자기의 기록을 남깁니다. 나 자신의 역사는 금액으로 헤아릴 수 없을 정도로 중요하지만, 한 번도 내 역사를 쓴 적이 없었다는 걸 기억해보세요.

특별히 중년이 변화하고 성찰하기 좋은 시작점이 될 수 있다고 생각합니다. 중년은 생의 한가운데 시기잖아요. 지금 시작해도 많은 세월이 달라질 수 있는 아주 괜찮은 나이잖아요. 여전히 지성이 있고, 에너지가 있고, 매력 있고, 변화의 가능성이 농후한 나이니까요.

우리는 중년까지 남들과의 비교를 통해서 나를 평가하느라 바빴습니다. 나이가 들수록 비교할 대상도 늘어나고 비교의 수준도 달라집니다. 나이가 들면 멈추려나 했던 비교를 여전히 이어가고 있는 것이지요. 그러니 젊어서부터 지금까지도 한결같이 비교하며 살았다고 볼 수 있지요. 이제 비교는 그만두고 자기 성찰이라고 하는 객관화의 산에 올라가 보시기를 바랍니다. 객관화의 산에서 나를 내려다볼 수 있는 기회를 꼭 가지셨으면 좋겠습니다.

그게 어쩌면 올해에 대한 정리이자 내년에 대한 준비이고, 지금까지 삶에 대한 정리인 동시에 미래에 대한 준비가 될 것입니다. 노년과 이후의 삶을 준비하는 첫 번째 발걸음, 중년 성찰일지를 꼭 써보세요.

중년이 가진 가장 최고의 무기, 그릿에 대하여

'그릿GRIT'이라는 말 들어보셨어요? '그릿'은 특별히 오십에게 반드시 권해드리고 싶을 덕목이자, 이미 가지고 있는 여러 특성의 총합이라고 볼 수 있습니다. 그릿은 앤절라 더크워스Angela Duckworth라는 학자가 만들어낸 단어입니다. 『그릿』이라는 베스트셀러를 출간하기도 했죠. 그는 원래 초등학교 수학교사였는데요. 많은 아이를 가르치면서 낯선 경험을 하게 됩니다. 지능이 높은 아이가 성적도 좋을 것이라 생각했는데 그게 아니었던 거죠. 오히려 노력을 하는 아이들이 성적이 좋다는 것을 발견했습니다. 그녀는 고민을 시작합니다. 그렇다면 우리의 성공에 영향을 미치는 요소가 지능 외엔 어떤 것이 있을까? 그래서 발견한 개념이 바로 그릿입니다. 앤절라 더크워스의 표현에 의하자면, 그릿은 성공과 성취의 열쇠라고 볼 수 있습니다.

중년 최고의 무기, G, R, I, T.

이제까지는 '그릿'이 중년이 되기 전에 달성하는 성공과 성취 열쇠라고 생각했었는데요. 중년이 되면 자신의 잠재력을 끝까지 끌어올려 자신감을 가지고 행복을 만끽하며 살아가고자 하는 자기실현적인 삶을 생각하게 되지요. 바로 그릿을 꿈꾸고 실현하고자 하는 건데요. 여러 연구를 통해 액티브 시니어들에게 이런 그릿이 발견되고 놀라울 정도로 증가 추세를 보인다는 것을 알게 됐습니다.[28] 목표를 달성하는 과정에는 실패도 있고 역경도 있습니다. 이런 실패와 역경이 지속됨에도 불구하고 끊임없는 노력과 관심을 유지하면서 열심히 도전하려는 의지, 이것을 그릿이라고 부릅니다. 근성*Growth*, 회복 탄력성*Resilience*, 진취성 *Intrinsic*, 끈기*Tenacity* 이렇게 4개의 단어 앞글자를 딴 겁니다.

첫 번째, 근성입니다. 근성을 다른 말로 바꿔보면 고집입니다. 나름의 고집, 일관성 있는 나름의 고집을 우리는 근성이라고 부르죠. 주먹을 쥐고 자존심이 상해서라도 밀고 나갔던 일들, 다들 있지요? 여러분은 근성이 있는 겁니다. 다른 말로 하자면 성실성이라고도 할 수 있지요. 곰 같아도 끝까지 뭔가를 해낸 적이 있는 사람은 근성이 있는 것입니다.

두 번째, 회복 탄력성입니다. 넘어졌다 다시 일어나는 힘을 말하지요. 중년이 되기까지 우린 얼마나 많이 넘어지고 다시 일어났나요? 실패하고 다시 일어서는 과정을 통해 내성을 키웠고, 다시금 일어날 수 있다는 걸 경험으로 확인하게 되었죠. 그래서 웬만한 실패에도 크게 흔들리지 않습니다. 회복 탄력성을 경험했기 때문입니다. 회복 탄력성을 가지고 있고, 이것이 지속해서 증가했기 때문입니다.

세 번째, 진취성입니다. 아이들을 키우고 새로운 일을 시작하고 어려움을 극복하는 모든 과정에 용기가 없었다면 하지 못했을 겁니다. 그 용기의 또 다른 말이 진취성입니다. 기꺼이 문턱을 넘어 용기를 발휘해보는 거예요. 힘을 내보는 겁니다. 열정와 즐거움에 의미까지 만드는 항목이지요.

네 번째, 끈기입니다. 끈기 하면 중년이죠. 우리 이때까지 살고 있잖아요. 작고 큰 위기들을 막 넘기면서 지금 여기까지 왔습니다. 우리는 이미 생의 끈기가 있는 사람들이에요. 자기통제력이지요. 장기적인 목표를 추구하고 이루기 위해 있는 힘을 다하는 바로 그 태도지요.

흔히 산전, 수전, 공중전까지 겪었다고 말하죠. 대부분의 중년은 근성과 회복 탄력성, 진취성과 끈기까지 4가지 항목을 어느 정도 다 갖췄다고 볼 수 있습니다.

높은 수준의 그릿이 가지고 있는 특징

높은 수준의 그릿을 가지고 있는 사람들의 특징은 어떤 것이 있을까요? 첫 번째, 지속적 관심과 흥미, 열정입니다. 높은 수준의 그릿을 가진 사람들은 뭔가를 지속적으로 파고 있더라는 겁니다. 이걸 요새 말로 '덕후'라고 하지요. 이준익 감독의 〈자산어보〉 영화는 신유박해로 유배된 정약전을 그린 영화입니다. 저는 정약전이 보여주는 '덕심'''에 푹 빠져 보았습니다. 덕심은 한 가지에 완전히 몰입하고 지속적으로 파고드는 힘을 표현한 것이지요. 이 덕심에는 관심과 흥미와 열정이 어우러져 있습니다.

성숙하고 높은 수준의 그릿의 두 번째 특징은 집중과 습관입니다. 어떤 것에 대한 몰입력이 높으면 이것이 일련의 과정을 통해서 습관이 됩니다. 깊이를 탐구해내고 캐내는 힘이 하나의 습관으로 자리 잡는 것이지요. 좋은 습관이 좋은 곳으로 데려가듯, 집중하는 능력과 이를 나의 몸에 익히는 능력은 그릿을 강화하는 중요한 자원이 됩니다.

세 번째는 이타성입니다. 좀 의외인가요? 그릿은 나만을 위한

● 일본어 오타쿠를 한국식으로 발음한 '오덕후'의 줄임말로, 현재는 어떤 분야에 몰두해 전문가 이상의 열정과 흥미를 가진 사람이라는 긍정적인 의미로 사용된다.

●● 덕후와 마음心을 합친 용어. 덕후의 마음이라는 뜻으로 무언가를 깊이 좋아하는 마음을 뜻한다.

힘이 아닙니다. 기꺼이 타인과의 조우와 협력과 협업을 통해서 만들려고 하는 의지가 그릿 안에 들어 있습니다. 바로 공동체성을 의미합니다. 그리고 중년은 가족을 위해, 또 인생 후배들을 위해 뭔가를 하고 있지요.

마지막 네 번째가 낙관적 희망입니다. 넘어지더라도 괜찮고, 다시 일어날 수 있다는 것. 우린 일어나 봤고 그러니 이번에도 일어날 수 있다는 가능성을 믿는 것입니다.

정리하면 그릿을 가진 사람들의 단어는 이렇습니다. 관심, 흥미, 열정, 집중, 습관, 이타적 목적, 낙관, 희망. 이 모든 것들의 공통점은 마음의 면역 항체를 만들어낸다는 것입니다. 성숙하고 높은 수준의 그릿은 멀리 있는 것이 아닙니다. 중년이라면 이미 일정 부분은 가지고 있습니다. 게다가 그릿의 모든 요소를 다 가지고 있지 않아도 됩니다. 일부만 가지고 있어도 괜찮아요. 그 일부를 통해 나머지 것들도 견인해낼 수 있기 때문입니다. 그렇기에 그릿이 가지고 있는 힘이 대단한 겁니다. 그렇다면 실제 그릿 지수로 미래에 대한 예측할 수 있을까요? 그렇습니다. 그릿 지수만 알아도 누가 성공하고 자기만족과 자아실현의 정도를 대략적으로 예측할 수 있습니다.

그릿은 활동적인 중년의 전유물

지적인 능력뿐만 아니라 성실성과 자기 통제감, 장기적이고 도전적인 목표 달성. 그릿이 높은 사람들은 이걸 해낼 가능성이 훨씬 더 크다는 거죠. 제일 좋은 것은 나이 들수록 그릿 지수가 올라간다는 것입니다. 다음은 나이와 그릿 지수의 상관관계를 다룬 그래프입니다. 그래프를 자세히 보면 60대, 70대에 이르렀을 때 가장 높은 그릿이 나타납니다. 이유가 뭘까요?

첫째, 지속적 열정과 끈기를 강조하는 가치 규범의 시대 속에서 성장했기 때문입니다. 시행착오도 많았지만 신체적으로나 사회적으로나 계속 상승하는 성장 곡선을 경험했습니다. 물론 잠깐 정체될 때는 있었어도 더디더라도 계속 우상향했죠. 이런 성장의 기억, 열정의 기억, 성취의 기억을 가지고 있기 때문에 남은 시기도 이 경험과 기억의 그림자를 붙잡고 따라 올라갈 수 있는 거죠.

두 번째는 생물학적 결정을 넘어서는 인성 경험입니다. 사람에게는 지능과 신체 능력과 특성 등 타고나는 부분이 있습니다. 그런데 살면서 이런 것들을 넘어본 경험이 있을 겁니다. 나는 마음이 좁고 겁이 많은 사람이라 생각했지만, 누군가를 돕고 감사 인사를 받아본 적도 있는 거지요. 또 나는 늘 뭔가 잘 못하는 사람이었지만 성공해본 적이 있던 그 경험, 못난 과거에서 한 걸음 나

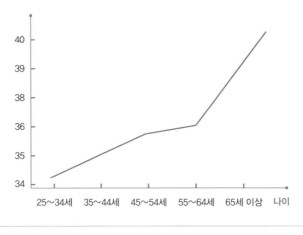

그릿 그래프

아갔던 그 기억들이 있을겁니다. 확장의 역사지요. 이것이 바로 나이들수록 50대, 60대, 70대에도 점점 그릿을 높게 만드는 중대한 요인이라는 점을 알 수 있습니다. 이쯤이면 본인의 그릿 지수가 궁금하실 겁니다. 뒷 페이지에 그릿 검사지를 수록해두었습니다.

그릿을 지속적으로 향상시키기 위한 방법

그릿 지수는 무조건 나이가 많다고 해서 더 높게 나오는 건 아닙니다. 하지만 우리가 가지고 있는 그릿은 앞으로도 지속적으로 성장할 가능성이 높지요. 그렇게 본다면 앞으로 그릿을 높이기 위해 어떻게 살아가야 할지 생각해볼 수 있겠죠. 그릿을 높이기 위해선 무엇이 필요할까요?

먼저 내가 가지고 있는 것을 기꺼이 기억해주세요. 없는 것이 아니라 있는 것들을 수시로 찾아보는 경험이 굉장히 중요합니다. 나의 자산 자체가 하나의 유산이고 나만의 콘텐츠라는 점을 기억해주세요. 내가 나를 기억해야 남들도 여러분들을 기억합니다. 내가 가진 것이 무엇이고 어떤 의미를 담고 있는지를 알고 말하고 드러내야 합니다. 스스로를 기꺼이 사랑하고 기억해주세요.

기억했다면 다음에는 기념하는 겁니다. 내 생일, 특별한 날, 결혼기념일 등등. 꼭 기념하고 싶은 날을 다른 사람이 기억해주길 기대하지 마세요. 오히려 사람들한테 전화해서 불러내세요. "다음 주 화요일 내 생일인데, 평생 고마웠던 너와 꼭 같이 밥 먹고 싶어서 전화했어. 같이 밥 먹자, 어때?" 이렇게 말입니다. 내 생일을 내가 알리고 내 생일에 나의 귀빈들을 초대하라는 말이지요. 참 무안하고 얼굴이 두껍다고 생각할 수 있습니다. 그러나 내 인생의 호스트는 나이고, 축제는 스스로 준비하시기 바랍니다. 기꺼이 축제하며 다른 사람의 이야기를 듣고, 그 이야기를 또 한 번 기억하고 기념한다면 그것처럼 좋은 상호성이 없겠죠.

라틴어로 '비르투스*virtus*'라는 말이 있습니다 '덕德'이라는 뜻이지요. 로마 시대에 덕은 황제와 연결된 단어였습니다. 아우구스투스가 '나 황제 안 합니다'라고 굳이 황제직을 고사할 때 원로원이 강제로 떠맡기듯 그를 황제로 앉히고는, 즉위식 하는 날 방패를 선물로 줘요. 그것이 바로 일명 '덕목 방패'라고 하는 것입니다. 덕목 방패에는 크게 4가지 주제의 덕 항목들이 있었어요. 바로 용맹, 관대함, 정의, 경건입니다. 이 가치들은 그리스 철학자 플라톤이 제시한 덕의 항목인 지혜와 용기, 절제, 정의와 연결되는 것이지요. 지혜를 갖추고, 용기가 있으면서 기꺼이 자기를 위해 절제하고 그러면서 정의감까지 가지고 있는 사람이라고요.

벌써 2500년도 넘은 지금 덕목들은 누구에게 필요할까요? 바로 '중년'이지요. 용기로 기억되는 주인공이자, 여전히 넓은 품을 가진 이, 옳고 그름을 가리고 약속을 지키며, 신뢰가 가는 사람 말입니다. 4가지 덕목을 가지고 있는 사람들이 바로 그릿의 주체가 되는 거고요. 4가지 덕목을 통해서 무엇을 해야 하고, 어떤 사람인지, 나잇값과 사회가 요청하고 기대하는 행동이 무엇인가를 스스로 기억했으면 좋겠습니다.

그릿 진단지

다음 항목을 읽고, '예' 혹은 '아니오'에 동그라미 표시를 하세요.

항목		전혀 아니다	약간 아니다	보통 이다	약간 그렇다	매우 그렇다
1	나는 새로운 아이디어와 프로젝트 때문에 이전에 하던 일에 소홀해진 적이 있다.	1	2	3	4	5
2	나는 한 가지 목표를 세워놓고 다른 목표를 추구한 적이 종종 있다.	1	2	3	4	5
3	나는 몇 개월 이상 걸리는 일에 계속 집중하기 힘들다.	1	2	3	4	5
4	나의 관심사는 해마다 바뀐다.	1	2	3	4	5
5	나는 어떤 아이디어나 프로젝트에 잠시 사로잡혔다가 얼마 후 관심을 잃은 적이 있다.	1	2	3	4	5
6	나는 실패해도 실망하지 않는다.	1	2	3	4	5
7	나는 노력가다.	1	2	3	4	5
8	나는 뭐든 시작한 일은 반드시 끝낸다.	1	2	3	4	5
9	나는 성실하다. 결코 포기하지 않는다.	1	2	3	4	5
10	나는 좌절을 딛고 중요한 도전에 성공한 적이 있다.	1	2	3	4	5

◆ <그릿 검사지>는 '열정적 끈기(그릿)'에 대한 질문으로 구성되어있다. 각 문항을 읽고 '매우 그렇다', '약간 그렇다', '보통이다', '약간 아니다', '전혀 아니다' 중 골라 체크하라. 질문에 응답할 때 각 질문들은 너무 오래 생각하지 말고 생각나는 대로 바로바로 대답하는 것이 좋다. 판단 기준을 주변 지인이나 가족 혹은 멘토 등으로 설정하고 이들과 비교하며 자신을 평가해 답을 적지 말 것. 그릿 분석은 관심의 지속성과 노력의 꾸준함을 측정하는데, 점수가 높을수록 장기 목표를 달성하기 위해 필요한 투지와 열정을 가지고 있는 것으로 볼 수 있다.

10개의 항목을 다 체크한 뒤, 체크한 점수를 합하시면 됩니다. 그 점수가 바로 '그릿 점수'입니다. 만약 합한 점수가 38점 이상이면 그릿 점수는 평균보다 높은 것입니다. 점수에 따라 4개의 유형으로 나눠집니다.

• 27점 이하는 '안전 추구형'으로, 예민한 편이며 협력 과제보다 개별 과제 중심으로 단기적인 계획을 짜는 것이 좋습니다.

• 28~35점은 '지속적 관심형'으로, 관심은 높으나 꾸준한 노력은 낮은 유형입니다. 대체로 외향적이며 기간을 짧게 단계적으로 계획을 잡아가면 성취를 강화할 수 있습니다.

• 36~41점은 '꾸준한 노력형'으로 노력은 꾸준히 하지만 관심을 오래 두지 못하는 유형입니다. 책임감과 성실성이 뛰어나며 친화력이 강합니다.

• 42~50점은 '노력 성실형'으로, 꾸준한 노력과 관심이 둘다 높은 유형으로 책임감이 탁월하며 회복탄력성도 높습니다.

흑역사와 실수를 만드는 조급한 성격 버리기

마이크 머독*Mike Murdock*은 '인생의 중대한 실수는 조급함 때문에 일어난다'라고 했습니다. 만약 조급한 성격이라면 행복하고 장수하기 위해 성격을 바꿔보길 권합니다. 제가 이렇게 말하면 많은 사람이 '성격은 못 바꿔', '이렇게 생겨 먹은 걸 어떡해!'라고 이야기합니다. 과연 성격은 바꿀 수 없는 걸까요? 이에 대해 연구한 결과가 있습니다. 국제심신의학계에서는 인간의 성격은 A, B, C, D형 이렇게 크게 4가지로 나뉜다고 이야기하는데요. 성격의 유형이 그 사람의 질병이나 수명과 상관관계를 가지고 있다는 것이 여러 논문을 통해서 밝혀졌습니다.

당신의 성격은 어떤 유형인가요?

A형은 말 그대로 '완벽주의＋다혈질'입니다. 이들은 자신이

생각한 것과 조금만 어긋나도 스트레스를 많이 받습니다. 작은 실수에도 불같이 화를 내는 사람들이죠. A형 옆에 있으면 불타 죽을 수 있습니다. 그럼 A형은 어떤 질병을 가질 확률이 높을까요? A형은 스트레스 민감도가 매우 높고 경쟁심과 성취욕이 높으며 매우 성질이 급하지요. 이런 경우 심혈관계 질환이 많고, 수명이 짧지는 않지만 결코 장수하는 유형은 아닙니다.

B형 같은 경우에는 '낙천주의자'로 천하태평형이라고 볼 수 있어요. 본인 제외하고 나머지 사람들은 속이 터지지만, 본인만은 만사태평하게 살고, 이런 분들은 심지어 수명까지 긴 유형입니다. 인생을 즐겁고 유유자적하고 여유만만하게 지낼 수 있는 분들이지요.

C형은 우리나라에서 흔히 발견할 수 있습니다. 소심하고 착한 유형입니다. 오로지 인내하고 참아내면서 항상 자기의 감정을 감추고 다른 사람들에게는 전혀 내색하지 않는 유형이지요. 일종의 억압이 심한 분들인데, 이런 유형을 '자기 희생형'이라고 부릅니다. C형의 수명이 가장 짧습니다. 억압하다가 제명에 못 죽는 거죠.

A, B, C형 중에 어떤 유형인가요? A형이라면 심혈관계 질환을 조심해야 할 거고, B형이라면 다른 사람들이 이야기하는 말에 대해서 한 번쯤 생각해볼 필요가 있습니다. C형 같은 경우에는 이

렇게 사는 것이 과연 옳은 것인지 살펴보세요.

D형은 세상의 부정적인 면만 보는 일명 '적대형'입니다. 영어로는 시니컬하다 그러죠? 매사에 비판적이고 어떤 것이든 쉽게 넘어가지 않습니다. 이런 분들은 속이 터지다 보니 심혈관 질환도 있습니다만 주로 우울감이 심합니다. 이분들도 조기 사망할 가능성이 높은 유형에 속하지요.

국제심신의학계에서 분류한 A, B, C, D형 외에도 최근에 E형이 나왔습니다. E형은 통합형이라고 하는데 말 그대로 어느 한쪽으로 쏠리지 않고 통합적입니다. 이 사람들은 회복 탄력성도 좋습니다. 회복 탄력성은 스프링처럼 압력에 눌려도 다시 퐁 튀어 오르는, 넘어지더라도 다시 일어나는 힘을 말합니다. 쓰러지더라도 다시 일어나는 그 힘을 우리는 회복 탄력성이라고 부르지요.

E형은 회복 탄력성이 높을 뿐만 아니라 나쁜 감정이 든다 해도 그 감정을 마음에 오래 품지 않는 사람들이에요. 물론 어려움이 없거나 나쁜 생각이 들지 않는 건 아니에요. 어려움이 있을 때 떠오르는 나쁜 생각은 금방 털어내고 넘어져도 잘 일어납니다. 이렇다 보니 전반적으로 E형은 행복감도 높고 당연히 수명도 길고, 사회적 관계마저도 충만합니다.[29]

조급함이라는 성격에 대하여

전체적으로 성격을 A, B, C, D, E 유형으로 나눠보았습니다. 여러 유형을 보니 행복감이 높은 건강한 성격이 내 성격이라면 좋겠다는 생각이 듭니다. 그런데 이렇게 우리의 행복감을 결정하고 때로는 생의 중요한 결정에도 영향을 많이 미치는 성격적 요소가 있습니다. 심지어 수명에도 영향을 미친다고 하지요. 바로 '조급함'이라는 성격입니다.

급한 성격 때문에 일이 어그러진 적이 있으시지요. 대부분 급한 성격은 인생의 오점을 남기는 경우가 많습니다. 이 조급함이라는 성격을 세세하게 나눠보죠. 조급함을 나누면 속도도 있고요, 무게도 있고요, 길이도 있고, 강약도 있고, 안정성으로 나눌 수 있습니다.

첫 번째, 속도라면 역시 빠름이죠. 조급한 성격의 사람들은 빛의 속도로 뭔가를 해결할 때 생겨나는 부작용으로 늘 신음합니다. 빠르고 조급한 성격이라는 말은 인내력, 참을성이 없다는 말이잖아요. 대부분 참을성이 없는 분들이 가지고 있는 공통적 특징은, 만족 지연 능력이 낮다는 것입니다. 만족 지연 능력이란, 어떤 것을 얻기 위해 참는 힘입니다. 유명한 마시멜로 테스트가 어린아이들을 대상으로 만족 지연 능력을 테스트한 실험이죠. 그 결과에 따르면 어렸을 때 만족 지원 능력이 좋았던 아이들은 성인이 되어서까지도 행복감이 크고, 다른 사람들과의 관계에 있어서 실수도 적은 양상을 보인다는 게 밝혀졌습니다. 반면, 만족 지연 능력이 떨어지면 실수도 잦고 실패감도 높고 자존감도 낮고 심지어 공격성도 높더라는 연구 결과도 있습니다.[30] 조급한 성격은 낮은 만족 지연 능력을 만들어내고, 결국 내가 어떤 일을 충분히 기다리지 못하니 완성도도 떨어지는 거죠.

두 번째, 조급함의 무게를 살펴보죠. 조급한 분들은 참을 수 없이 존재가 가볍습니다. 설레발과 조급함, 기다리지 못하는 능력들이 사회적인 신뢰감을 떨어뜨립니다. 그래서 대부분 경박하다는 평가를 받고요.

세 번째, 길이가 짧습니다. 호흡이 굉장히 짧아요. 그러니까 진득하지 못하고 몸의 움직임도 많아서 부산합니다. 눈동자의 동공의 안정성도 떨어지고요. 가만 보면 잰 발걸음으로 걷고, 숨도 더 빨리 쉬는 것 같아요. 그렇다 보니 이 사람과 함께 있을 땐 편안함을 느끼지 못하는 경우가 많습니다.

네 번째, 강약입니다. 강약은 내 감정에 대한 강약조절을 말합니다. 조급한 사람들은 이런 통제 능력이 약합니다. 그래서 전반적으로 스트레스에도 취약하고 실수가 잦기 때문에 자존감이 떨어집니다. 어떤 실수를 했을 때 심장이 빠르게 뛰는 경우가 있죠? 이렇게 심장 박동이 빨라지는 경험을 많이 하게 되면 몸도 나를 믿지 않는 상황이 생겨납니다. 반복되면 몸도 취약해지고 정신적으로도 스스로를 믿지 못하게 되는 상황이 되는 겁니다. 그럼 안정성은 당연히 낮아지죠. 사회적으로도 불안정하고, 개인적인 만족도도 떨어지고, 늘 다른 사람들에게 '넌 왜 이렇게 급하니?'라는 이야기를 듣기 때문에 자기만족이 낮은 경우가 많습니다. 내부적로는 자존감이 떨어지고, 외부적으로는 신뢰감이 떨어지는 양상이 벌어지는거죠. 본인은 얼마나 속이 상하겠어요?

조급한 성격을 느긋하게 만드는 법

그럼 조급함을 줄일 수 있을까요? 조급한 성격을 어떻게 변화시킬 수 있을까요? 완전히 없애기는 힘들겠지만 조급함을 줄여나가거나 조급함을 통해 생겨나는 문제들을 최소화하는 방법을 찾아봅시다.

첫 번째, 속도입니다. 조급한 사람들은 급한 마음이 들면 나도 모르게 손발이 움직이고 눈이 빨리 돌아갑니다. 그럴 땐 조급함을 붙잡는 뭔가가 필요합니다. 하지만 내가 나를 결박할 수는 없잖아요. 대신 감각을 한곳에 집중시키는 방법이 있습니다. 내 속도가 좀 빠르다는 생각이 들거나, 누군가가 "야, 너 지금 너무 빨라. 너무 급해"라고 한다면 그때는 잠시 멈춰보세요. 그리고 주변에 딱 한곳을 찾으세요. 장소 혹은 어떤 한 점이나 모서리 등 다 좋습니다. 그곳에 집중해서 10초를 세면 됩니다. 손가락으로. 1, 2, 3, 4, 5, 6, 7, 8, 9, 10. 한 점을 10초만 응시해도 심장 박동이 느려지고요, 마음의 안정성도 찾게 됩니다. 다른 사람이 볼 때 이 사람이 침착하고자 하는 노력이 눈에 보입니다. 그리고 실제 침착성이 높아지기도 합니다. 당연히 속도도 줄겠죠. 기본적으로 급한 성격은 이 속도가 관건입니다. 제일 먼저 '한 점 10초 응시하기' 반드시 기억하시기 바랍니다.

두 번째 무게입니다. 가벼운 무게를 무겁게 하기 위해선 무거운 걸 얹어야 합니다. 그 방법으로 입을 활용하는 겁니다. 치아로 안쪽 볼살이나 입술을 혹은 어금니끼리 너무 세지 않게 지긋이 물어보세요. 그러면 어떤 일이 생길까요? 조급함은 주로 머리에서 일어나는 일입니다. 뇌에서 속도를 통제합니다. 그런데 살을 지그시 물면 약간의 통증, 통각이 생기잖아요. 그러면 몸의 감각이 머리에서 잇몸으로 또 치아로 집중되는 현상이 나타나거든요. 그럴 때 무게 감각이 두뇌에서 몸으로 옮겨지며 빠름의 속도는 줄어들 수밖에 없고, 급함도 좀 가라앉을 수 있게 되지요.

세 번째 길이입니다. 급한 성격은 기본적으로 길이가 짧습니다. 호흡도 짧고 다 짧아요. 문제는 호흡의 짧음과 생각의 빠른 속도를 타인이 너무 쉽게 눈치챈다는 겁니다. 속도를 늦추고 나의 호흡을 조금 늘리고 싶으면 우선 앉으세요. 아니면 어디에 기대세요. 마음과 몸의 인내력을 증가시키기 위해 어딘가에 의지하는 겁니다. 의자의 뒷면과 벽에 의지해서 몸을 살짝 눌러주는 거예요. 그러면 호흡의 길이도 조절 가능합니다. 다른 사람들이 볼 때에도 동적인 것보다 정적인 느낌을 주기 때문에 안정도가 높아집니다. 기대고 앉거나 하는 방식으로 우리의 마음과 몸의 호흡과 생각의 속도를 조절하는 겁니다.

네 번째 강약입니다. 강약은 항상 넘어지는 그 지점에서 속도를 늦추어서 넘어지지 않도록 조심하는 것입니다. 인생의 타박상을 입지 않기 위해서요. 나에게 조절이 필요하다 싶을 때 가장 좋은 것은 쓰는 것입니다. 쓰기는 굉장히 중요해요. 앞서 말했듯이 특별히 중년의 시기에 쓰기가 중요한 이유는 '자기 성찰'의 일등공신이기 때문이지요. 이 쓰기를 통한 기억과 기술, 기록, 평가는 성찰의 과정을 가장 잘 보여줍니다. 다만, 일기처럼 그날의 일을 시간의 순서에 따라 쓰기보다는 저널링을 권합니다. 한 가지 사건을 중심으로 집요하게 파고 들어간다고 생각하면 좋습니다.

나 자신이 좀 급하다는 생각이 들 때 물리적인 행동을 하는 것이 좋습니다. 생각에만 매달리는 것이 아니라 손발을 움직이는 방법 중에 가장 좋은 것은 내 생각을 써보는 것입니다. 글쓰기는 생각의 속도를 따라갈 수 없기 때문입니다. 둘의 간극을 통해 생각을 잡아 늦추는 거예요. 그럼 그 생각이 훨씬 정교해지고 구체화되는 걸 알 수 있습니다. 조급함을 잡고, 급한 성격을 늦추고 싶으세요? 쓰기를 시작하시기 바랍니다.

다섯 번째 안정성인데요. 이 경우는 예행연습을 해보시길 권합니다. 내가 너무 성격이 급하고 이 때문에 실수가 너무 잦다면 급한 일을 그 자리에서 바로 결정하는 게 아니라 물어볼 사람을 찾아보세요. 내 성격을 잘 아는 믿을 수 있는 1인을 찾아야 합니다. 그 사람에게 전화하세요. 그리고 내 이야기를 털어놓아요. 그럼 듣는 사람이 얘기하겠죠. "천천히 말해. 그리고 무슨 말이야? 정리를 좀 해서 얘기해줘." 그러면 다시 이야기하는 과정에서 내 생각을 정리하게 됩니다. 상대방하고 이야기하는 과정에서 내 속도도 조절이 되고 생각이 정리되면서 안정성이 높아지게 되는 거죠.

중년이 되면 의무 속에 살아가는 경우가 많습니다. 최영미 시인이 '서른, 잔치는 끝났다' 했지요. 하지만 저는 중년이 되어서야 본격적으로 잔치가 시작된다고 말하고 싶습니다. 변화를 꿈꾸고 실행하면서 중년의 진정한 자유가 시작되기 때문입니다.

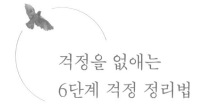

걱정을 없애는
6단계 걱정 정리법

      티베트 속담 중에 "걱정을 해서 걱정이 없어지면 걱정이 없겠네"라는 말이 있습니다. 정말로 걱정이 사라지기만 한다면 온밤을 새워 걱정하겠지요. 그러나 그렇지 않다면, 수를 좀 써야겠지요. 걱정도 정리를 좀 해보면 어떨까요? 걱정을 잘 정리해서 해소해본다면 인생은 훨씬 더 나아지지 않을까요?

    마음을 무겁게 하는 것들을 정리해보니 크게 3가지 영역으로 나눌 수 있었습니다. 첫 번째 후회, 두 번째 걱정, 세 번째 불안입니다. 이 3가지의 차이점은 시간입니다. 보통 후회는 과거와 연결되어 있습니다. 그래서 지난 세월을 후회한다고 말하죠. 돌아보면 한숨이고 남은 것은 주름이라고요. 여러 일이 지난 이후에 한탄하는 마음을 후회라고 합니다.

    두 번째 걱정은 현재와 연결되어 있습니다. 걱정은 사전적인 정의로 보면 여러 측면에서 마음과 신경이 쓰이는 상태입니다. 즉, 대부분의 걱정은 현재 시점에 더 닿아 있습니다. 신경이 쓰이는 것이 현재 진행 중인 것이지요.

세 번째로 불안입니다. 말 그대로 안전하지 않아서 걱정인 것. 이게 바로 불안의 특징인데요. 불안은 어떤 위험이나 위협이 올 것이라고 하는 가능성에 대한 염려를 말합니다. 즉, 불안은 미래와 연결되어 있습니다. 아직 오지 않은 일을 염려하는 것이니 불안은 미래의 감정이라고 할 수 있겠지요. 그렇다면 과거의 문제를 통해서 현재를 이해하고, 현재를 통해서 미래를 살펴보고, 미래가 과거와 현재를 묶어낼 수 있는 방법을 찾아볼 수 있지 않을까요? 서로 긴밀하게 연결되어 있는 요소들이니까요. 잘 정리하고 의미 있게 묶어낸다면, 걱정을 덜어내는 중요한 역할을 하게 될 것입니다.

과거가 보낸 후회, 현재의 걱정, 미래의 불안

후회부터 살펴봅시다. 후회한다는 건, 시간이 지난 후에 가지는 회한의 마음을 의미합니다. 이런 후회 끝에는 반드시 죄책감이 붙어요. 그래서 후회는 죄책감이라는 단어와 연결되어 있습니다. 중년의 죄책감은 도덕적 죄책감과는 다소 다른 특성을 가집니다. 하나는 성장형 죄책감이고, 다른 하나는 실제 그 이상의 것을 후회하는 과장형 죄책감입니다. 성장형 죄책감은 말 그대로 성장을 위해 나의 동력이 되어주는 죄책감입니다. 후유증이라는 게 없어요. 지난 시간을 후회하고 잘못된 것들을 점검해서 나를 성찰하고 반성하면서 나를 발견하는 과정이거든요. 과거가약이 되고 에너지로 만드는 게 성장형 죄책감의 특징이지요. 내다짐의 요소를 측정하고 현재를 돌아보면서 나를 성숙시키는 데자원이 되는 것, 바로 이 성장형 죄책감입니다.

그러면 과장형 죄책감은 무엇일까요? 과장은 본래보다 더 크게 부풀려서 어렵게 만들거나 거칠게 만드는 형태이지요. 앞서 말한 성장형 죄책감은 후유증이 없는 것과는 달리 과장형 죄책감은 반드시 후유증이 있습니다. 과장형 죄책감은 실제에 비해 너무 과중한 죄를 나에게 지우기 때문입니다. 그러니까 지난 세월 돌아보면서 '다 내 잘못이야' 이런 생각이 든다면 이건 과장형 죄책감이라고 볼 수 있습니다.

대개 이런 과장형 죄책감은 1만큼의 잘못에도 후회와 책임을 10, 20 이상을 지게끔 합니다. 사람을 위축시키고 머뭇거리게 하죠. 같은 자리에서 계속 자기를 과잉점검하게 만들고요. 그러면 다른 사람들과의 관계에서도 관계 단절의 양상을 만들어내게 됩니다. 이게 과장형 죄책감의 특징이에요. 많은 중년이 나이가 들어가면서 지난 세월과 현재에 대한 모든 것이 그저 다 내 잘못이라고 생각하곤 합니다. '내 탓이야', '내 책임이야', '다 내가 잘못한 것 같다' 하는데, 분명하고 단호하게 말씀드리지요. 전부 착각입니다!

심리학 용어 중 왜곡된 생각 혹은 자동적 사고가 있습니다. 특정 상황이 되면 나도 모르게, 내 의지와 무관하게 먼저 치고 올라오는 생각을 자동적 사고라고 해요. 그 가운데 일그러지고 비뚤어져 사람을 옭아매는 생각들이 내가 합리적인 판단을 할 겨를도 없이 훅 올라오는 경우지요. 그런데 이 생각은 내가 선택하고 원하는 대로 고르는 게 아닙니다. 나를 덮치는 거예요. 생각이 허가 없이 침범하고 내가 밀어내더라도 거부할 수 없을 정도로 이성을 밀치고 올라옵니다. 이 자동적 사고인지 뭔지 몰라도 무작정 드는 생각이 나를 잡아먹을 듯하고, 일상을 뒤흔들어 놓는다면 과장형 죄책감일 가능성이 높다고 보시면 됩니다.

그런데 우리가 제일 많이 하는 후회 중에 어떤 후회가 제일 크고 많은지 아세요? 아이들 관련해서입니다. '좀 잘할 걸', '그때 그 대학을 보냈어야 했는데', '용돈이나 좀 많이 줄 걸' 하고요. 그런데 이런 후회가 다 소용없다는 거 이미 알고 있죠. 붙잡을 수 없는 시간이고, 이미 지나간 버스라는 걸 알지요. 알면서도 머리를 쥐어뜯으며 하는 그 후회, 그 죄책감이 나를 사로잡아서 나의 눈을 가리게 할 수도 있다는 걸 기억해주세요. 나의 현재와 미래의 모습까지 보지 못하게 할 수 있다는 점도 말이지요.

두 번째, 미래에 관련된 이야기 곧 불안 이야기를 해볼까요. 불안은 상담 영역, 특별히 사람의 마음에 대한 연구에서 너무나 중요한 단어입니다. 물론 건강한 불안은 미래를 예측하게 하고 미래를 대비하게 하는 특성도 있습니다. 그렇지만 전반적인 불안에 사로잡혀 있다면 앞으로 나아갈 힘마저 빼앗기고 있는 상태에 있는 것이지요.

심리학의 거물 프로이트Sigismund Freud는 불안을 현실적 불안, 도덕적 불안, 신경증적 불안, 이렇게 나누었어요. 현재 나를 위협하는 불안을 현실적 불안이라고 했고, 해서는 안 되는 일 앞에 갈등하는 것을 도덕적 불안으로, 이유를 알 수 없는 막연하고 연속적인 불안을 신경증적 불안이라고 했지요. 그 이름이 무엇이고 설명이 무엇이건, 불안은 그 단어만 들어도 뭔가 내 속이 떨리는 것 같은 생각이 들지요. 불안은 정신의 올무 같아서, 우리의 생각과 나아갈 미래를 옭아매게 됩니다.

그럼 걱정은 무조건 나쁜 것일까요? 걱정이라는 건 현재 내 마음속에 가지고 있는 여러 염려를 일컫는 말일 텐데, 그럼 걱정은 무조건 없애야 하는 것일까요? 사실 현재의 걱정에는 몇 가지 기능이 있습니다. 걱정하면 먹구름이 밀려오는 것 같고 마치 물에 젖은 솜처럼 무게가 느껴지는 것 같지만 우리에게 도움을 주기도 합니다. 걱정의 이점을 찾아보겠습니다.

먼저 걱정은 당면한 문제에 대한 집중과 몰입감을 높인다는 것입니다. 걱정 생겨보세요, 먹지도 자지도 않고 몰두합니다. 걱정만큼 몰두하면 공부했으면 우리는 모두 서울대 동문일 겁니다. 그만큼 걱정은 특정 상황을 깊게 이해하게 됩니다. 다음으로 실제 구체적인 해법을 찾기 위한 여러 창조적 생각을 하게 합니다. 해결을 위한 반동과 변화를 모색하려는 움직임. 가능한 것과 가능하지 않은 방법들을 총동원하고, 관계세포를 쥐어짜듯 각종 인맥을 동원하지요. 복합적 사고는 당연히 강화되고요. 모두 걱정의 순기능이지요.

그런데 우리가 느끼는 것처럼, 후회라는 과거 서사와 걱정이라는 현재 이야기, 그리고 불안이라는 미래의 주제들이 함께 합쳐지고 섞여서 구분이 되지 않는 상황이 대부분입니다. '옛날 실수를 또 반복하면 어떡하나, 나는 왜 과거에서 한 걸음도 못 나가나, 과거에 내가 잘했으면 현재가 달라졌을 텐데, 나는 미래도 깜깜해!' 걱정은 시간과 차원을 넘어가며 부정적 감정을 미래에까지 연쇄적으로 이어집니다. 그러니까 자려고 누우면 별별 생각이 다 납니다. 잘못했던 생각부터 시작해서 지금 해야 할 것과 앞으로는 뭘 먹고 사나 이런 걱정까지. '어쩌면 지금까지 후회로 살아오고 걱정을 먹고 살면서 불안으로 앞날을 준비하는 게 아닌가?' 이런 생각도 듭니다. 걱정은 저절로 떠오르기에 노력도 물 거품인 경우가 태반입니다.

참 재밌는 연구 결과가 있습니다. 칼 필레머*Karl Pillemer* 교수가 2004년부터 진행한 인류유산 프로젝트*Legacy Project*에서 65세 이상 된 1,500여 명에게 질문을 했습니다. '생애 65세 이상을 살아가시면서 가장 후회되는 게 뭡니까?' 이런 질문을 했습니다. 이때 흔한 대답으로 '아우~ 옛날에 바람 피지 말걸', '옛날에 애들한테 잘해줄걸', '옛날에 이렇게 할 걸' 이런 것들을 추측합니다. 그런데 의외의 결과가 나왔습니다. 그건 바로 '살아오며 쓸데없는 걱정을 너무 많이 했던 것. 이게 바로 나의 가장 큰 후회다'라는 답변이 1위를 했던 거예요.[31]

지금 시점에 돌아봐도 후회가 있고, 걱정이 있고, 미래에 대한 불안이 있습니다. 그렇다면 이런 걱정들을 조금 정리를 해봐야 하지 않을까요? 이른바 신박한 걱정 정리법을 알려드립니다.

신박한 걱정 정리법인 마이너스 걱정법

신박한 걱정 정리는 이렇게 합니다. 제일 먼저 A4 종이와 펜을 준비합니다. 그리고 종이에 걱정을 적어보는 거예요. 과거의 후회, 현재의 걱정, 미래의 불안 다 섞어서 생각나는 대로 다 적으세요. 잘못했던 것 같은 거, 자꾸 마음을 찌르는 거, 현재 머릿속에 꽉 차 있는 거, 내 미래에 대한 불안, 예기 불안 이런 것들을 다 적어보세요. 무엇보다 자세하게 쓰는 게 중요합니다.

일일이 다 적으면 시간이 꽤 걸립니다. 이 과정을 구체화라고 부릅니다. 대부분 우리 머릿속 생각들은 뒤죽박죽입니다. 마치 회로가 다 엉킨 것처럼 과거, 현재, 미래, 이 마음 저 마음, 걱정인 듯 걱정 아닌 걱정 같은 것, 뒤범벅되어 있기에 실체를 드러내보는 겁니다. 이 방법은 저희가 집단 상담할 때 흔히 쓰는 방법인데요. 시간을 충분히 드리면 놀라울 만큼 많은 생각과 기억들이 쏟아집니다. 그만큼 생각들이 많다는 얘기지요.

다음으로 시점을 나눠보는 거예요. 이게 후회에 관한 것인지 현재 걱정에 관한 것인지, 미래의 불안에 관한 것인지 시점을 중심으로 색깔별로 묶어보세요. 현재는 파란색 형광펜으로, 과거는 빨간색 형광펜으로 그리고 미래는 노란색 형광펜으로. 그러면 색깔에 따라서 종류들이 묶일 겁니다.

종류를 묶고 난 다음에 세 번째로 할 일이 가장 중요합니다. 빨갛게 형광펜 쳐놓았던 과거의 후회 중에 5년, 10년, 15년, 30년 넘게 지속적으로 후회하고 있는 것을 찾아보세요. 전혀 달라지지 않은 상태에서 계속 무의미한 후회만 하고 있는 거예요. 그런 후회가 있다면 그것부터 과감히 지워보세요. 소용없는 후회이기 때문입니다. 내가 후회해도 조금도 달라지지 않고 앞으로도 달라질 가능성이 없는 겁니다. 신박한 정리 1단계, 묵은 후회는 쭉쭉 선을 그어서 지워보자고요.

다음으로 현재의 걱정을 잘 살펴보세요. 그중에는 '이건 다음 생에도 풀리지 않겠다' 싶은 걱정들이 있습니다. 그 걱정들 쭉쭉 지워보세요. 그다음 미래에 올 불안 중에 '이런 일이 정말 벌어질까?' 싶은 것들은 자문해보세요. 아직 오지 않은 미래에 해봐야 소용없고, 지금 전혀 통제할 수 없는 불안도 지워보시기 바랍니다. 지워야 하나, 말아야 하나 고민되는 건 무조건 지워야 하는 겁니다. 지워보는 과정만으로도 해방이 시작됩니다.

그 후에 남은 것들을 모아보시기 바랍니다. 모아서 다시 한번 가지런하게 적어보세요. 그러면 몇 가지로 추려져요. 몇 가지로 추려지긴 하는데, 참 이상하게 우리가 집안 살림할 때도 잘 치워놓아도 금방 또 무언가가 채워지잖아요. 걱정도 마찬가지입니다. 그럴 땐 순서를 정해보세요. '이것만큼은 꼭 해결했으면 좋겠고, 이 걱정만큼은 꼭 없어졌으면 좋겠어.' 이런 걱정 있죠? 그 걱정들을 새로운 종이에 쓰는 겁니다.

남은 걱정을 새 종이에 적었다면, 이제 하나하나씩 소리내 읽어보세요. 읽은 다음 손으로 종이를 마구 꾸겨서 쓰레기통에 확 버리세요. 갑자기 이게 웬 연극이냐고요? 물론 어색하다고 생각할 수도 있겠지만, 이게 문제와 나 사이의 거리 두기를 시행하는 방법입니다. 문제가 나로부터 떨어지는 물리적 경험을 해보는 겁니다. 이것은 심리치료의 기본이자 후회가 많은 사람을 위한 솔루션이에요. 실제로 상담할 때 사용하는 전형적인 방법이고 흔하게 쓰는 방법입니다. 글로 써서 정리해서 지워보는 것, 실제 적어서 구겨서 버려보는 것. 아무것도 아닌 것 같지만 마음의 1차 정리가 시작됩니다. 이런 정리들은 특히 우리 머릿속에 뭔가 꽉 차 있다 싶을 때 꼭 필요합니다. 이런 것들을 버리고 거리를 둬보는 것이죠.

물론 그다음에도 걱정은 새로 태어납니다. 아지랑이처럼 걱정이 막 차고 올라옵니다. 그럴 때 어떻게 해야 할지 나만의 방법이 있어야 합니다. 바로 '행동'이라는 방법이에요. 걱정과 행동은 동시에 발생할 수 없거든요. 이를테면 너무 스트레스 받고 힘든데 화장실 너무 가고 싶다면? 이때 걱정은 찾아볼 수 없습니다. 몸이 중요한 상황에서 걱정은 이차적인 것이 되지요. 그래서 도망가듯 달리며 '우울해', '괴로워', '완전히 망쳤어' 같은 생각을 하는 건 불가능합니다. 걱정이 자꾸자꾸 우리를 좀 먹고 멈칫거리게 한다면 고개를 좌우로 흔들거나 자리를 박차고 일어나야 합니다. 그래서 걱정을 지우고 구겨서 버렸음에도 자꾸 걱정이 떠오른다면, 생각이 떠오를 때마다 움직이시면 됩니다.

현재의 걱정에 몰입하자

생각과 걱정을 정리한다면 과거의 후회와 미래의 불안은 걷어 내고, 현재의 걱정에 집중하세요. 그럼 현재 걱정에 몰입하는 게 왜 중요할까요? 걱정에도 총량이 있기 때문입니다. 걱정의 총량을 줄이면 훨씬 더 가벼워집니다. 가벼움과 더불어 과거의 후회나 미래의 불안을 걷어내는 것만으로도 내가 이 상황을 통제할 수 있다는 생각을 하게 됩니다. 이것을 효능감이라고 부르지요. 후회와 불안의 요소에 줄을 쫙 긋는 것만으로도 효능감이 높아지는 겁니다. 그리고 현재 문제에 대한 효능감이 높아지면 당연히 앞으로 일어날 일에 대한 해결 가능성과 그 능력도 연쇄적으로 높아지게 됩니다. 따라서 미래에 대한 불안도 한결 줄어들게 됩니다. 또 두려움에 대한 통제도 어느 정도 가능해집니다.

그러니 지금부터 걱정하는 게 아닌 '걱정 쓰기'를 시작하세요. 마이너스 걱정법으로 걱정의 총량을 줄이고 미래의 효능감까지 높일 수 있습니다. 신박한 걱정 정리법으로 걱정을 날려버리길 바랍니다.

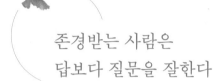

존경받는 사람은
답보다 질문을 잘한다

나이 들수록 옳은 답을 해야 할 것 같은 의무감이 있습니다. 그래서 답하기가 부담스러워요. 게다가 나의 답에 따라서 내가 얼마나 아는지, 어떻게 아는지, 어디까지 아는지가 대번에 드러납니다. 자칫 대답이라도 잘못하면 다 티가 나기도 하죠. 붉어지는 얼굴과 창백해진 얼굴과 떨리는 목소리와 많아지는 제스처, 흔들리는 동공까지! 다른 사람들 앞에서 부끄러운 답을 한 날이면 밤새 이불킥을 합니다. 누구나 대답에 집중하고 좋은 대답을 하고 싶어 합니다. 그런데 좋은 답변을 하는 사람보다 좋은 질문을 하는 사람들이 더 똑똑하답니다.

좋은 질문을 하는 기술

사람들이 질문을 잘 못하는 이유가 있어요. 우선, 질문을 별로 해본 적이 없어요. 우리나라는 문화적으로 질문을 하는 문화가 아니잖아요. 제가 대중강연에 가서 "질문 있나요?" 하고 물어보면 아무도 질문하지 않습니다. 왜 이렇게 질문을 안 하는가 살펴보면 질문을 했다가 수치를 당할 수 있기 때문이에요. 잘못 질문하면 정말 창피한 거고 부적절한 질문을 하면 또 반발이 나오고 내가 부적절한 질문을 했을 때 아는 사람이 있으면, 질문과 지혜가 수치와 죄책으로 돌변하기도 하지요. 질문 하나에 나의 무식이 드러날까 두렵기까지 합니다. 그런 여러 가지 복합적인 상황들이 합쳐져서 더 이상 질문하지 않는 분위기가 된 것인지도 모르겠습니다.

좋은 질문에는 기술이 필요합니다. 이건 지식의 문제가 아니라는 거지요. 질문의 기본적인 원칙은 불치하문이에요. 불치하문不恥下問, 곧 아랫사람이나 자기보다 못한 사람에게 묻는 것이 부끄러운 일이 아니라는 것이지요. 20세기 하향전달식 지식의 시대는 끝났습니다. 모두가 스마트폰을 손에 쥐고 있는 21세기는 지식의 민주화 시대이고 정보의 평준화 세계잖아요. 인터넷 세상이 열리고 하루에 만나는 정보의 양이 7만 5천 개입니다. 앞으로 2030년이 되면 하루에 13만 개의 정보를 만나게 될 거라고 합니다. 이제는 정보의 양이 아니라, 모두가 가진 정보를 어떻게 나만의 방식으로 재구성하고 재조합하여 새로운 방식으로 보이는가가 중요한 시대이지요. 이제 정보의 힘을 가진 자는 윗세대가 아니라 젊은 세대입니다. 그렇기에 젊은 세대들과 소통하는 제일 좋은 방법이지요. 따라서 이제는 답변자가 아니라 질문자가 되어야 합니다. '이건 어떻게 하는 거지?', '이렇게 하면 되는 건가?', '내가 여기까지는 알겠는데, 그다음은 어떻게 해야 하는지 모르겠네. 알려줄 수 있을까?' 신인류 젊은이들에게 물어야 합니다. 그리고 그들의 답이 맞다고 인정하고 감탄하는 것까지가 첫 번째 원칙 '불치하문'입니다.

두 번째, 반복 요약입니다. 반복 요약의 핵심은 '짧음'과 '명료함'입니다. 답이건 질문이건 짧아야 됩니다. 길게 얘기한다는 건 2가지 의미에요. 정말 많이 알거나 아예 모르거나. 항상 모든 질문과 답을 짧게 하려고 해야 합니다. 짧게 질문하기 위해서는 명료해야 합니다. 분명한 질문, 상대가 잘 알아들을 수 있는 질문이 좋은 질문입니다. 이것을 훈련하는 것도 굉장히 중요합니다. 훈련하는 방법은 간단합니다. 만약 어떤 질문을 하고 싶으면 말로 해보고, 그다음에 한 문장으로 정리해 써보는 습관을 들여보세요. 문장을 정돈해가며 정확하게 전달하고자 하는 단어가 들어갔는지 확인해보세요.

이런 글쓰기 훈련은 반복과 요약에 큰 도움이 됩니다. 질문을 한 사람 혹은 대답한 사람이 방금 했던 끝말을 가져와서 반복 요약한 다음에 간단한 질문을 붙여 짤막하게 던지는 방법도 좋습니다. 특별히 나이 들수록 짧게 질문해야 합니다. 나이 들어서 길게 질문할수록 적어도 좋은 질문을 할 가능성은 대단히 낮아집니다.

세 번째, 겸손과 존중에 바탕을 둬야 합니다. 이건 태도의 문제죠. 우리가 누군가에게 질문할 때 몰라서 묻는 것도 있지만 알면서 묻는 것도 있습니다. 소통하고 싶다면 아는 질문을 하셔도 좋습니다. 나이가 들면 젊은 세대에게 물으러 가는 것만으로도 겸손해보일 수 있습니다. 그런데 답을 하면서 '라떼는 말이야' 그러면 모두 끝장인 거 아시지요? 질문한다는 건 기꺼이 존중하고 먼저 걸어가서 어떤 거냐고 물어보고 답까지 받아서 그 답을 다시 반복한 다음에 요약하는 거예요.

이 3가지는 반복적이고 순환적인 관계입니다. 모두가 소통하고 싶고, 모두가 다 좋은 답변과 좋은 질문을 하고 싶잖아요. 원칙을 기억하는 게 중요합니다. 첫째, 불치하문. 젊은이에게 묻는다. 두 번째, 반복 요약. 질문은 짧고 명료하게. 세 번째, 존중과 겸손. 이 3가지가 중년의 질문법이자 아랫세대와의 소통법이고 사람들이 떠나게 하지 않는 방법이기도 합니다.

좋은 답변을 하는 것보다 좋은 질문이 더 중요하고, 좋은 질문은 '누구에게 어떤 식으로 어떤 자세로 할 것인가'라는 태도가 그 내용보다 훨씬 더 중요합니다. 이 말인즉, 중년은 다가가는 태도와 방향에 더 방점을 둬야 한다는 이야기입니다. 중년의 질문이 다른 세대와 가장 다른 지점인 것이지요.

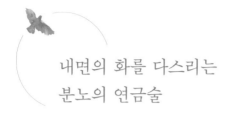

내면의 화를 다스리는
분노의 연금술

　　'사람은 나이 들수록 지혜로워지고 인품이 단단해
지는 것 같아' 이렇게 생각하시나요? 아니죠. 나이가 들수록 자
꾸 화가 나고 지난 세월의 아쉬움이 커지면서 점점 성격까지 나
빠진다는 느낌을 받는 사람이 훨씬 더 많습니다. 우리나라 중년
에게 많이 나타난다는 '화병'이라는 게 있지요. 이 화병은 전인건
강, 즉 건강과 정서에 전신적으로 안정감을 가진 상태를 깨어버
리지요. 특별히 중년기 전인건강에 위협이 되는 요소 중의 하나
가 바로 분노로부터 야기되는 화병입니다. 그러면 화병이라는
게 분노가 쌓여서 일어난다면 분노는 늘 나쁜 것일까요? 하지만

● 신체, 정신, 사회, 놀이, 영적인 측면에서 안녕과 조화를 이루며 고통없이 평화롭
　게 누리는 상태를 말한다.

세상에 나쁜 감정이란 없어요. 감정은 모두 내 자존을 지키기 위한 과정이고 가장 인간적인 자연스러운 본성이자 자기를 지키는 능력 중 하나입니다.

어쩌다 보니, 나이가 들면서 관대함은커녕 내 감정을 잘 다스리지 못하는 사람이 되었고, 좋은 어른은 고사하고 내 가족에게도 더 큰 화를 내고, 얼굴에는 화가 꽉 차 있지요. 나이 마흔이 넘으면 얼굴에 책임을 지고 자신 있게 살았다는 증거가 된다는데 거울 속 내 얼굴은 전쟁터 같단 말이죠. 아이들과 배우자에게도 사랑받고 싶고 친구들에게도 존경받고, 사회에서는 선배로서 괜찮은 사람이라는 얘기를 듣고 싶은데, '화'가 문제입니다.

분노의 연금술, 그 비밀을 파헤치다

아리스토텔레스가 아주 흥미로운 이야기를 하나 했습니다. 아리스토텔레스에 따르면 소크라테스와 플라톤, 두 사람은 자주 우울했고, 이 우울한 감정이 이들의 창조성을 만들어냈다는 것입니다. 철학자인 소크라테스와 플라톤이 우울한 성격을 철학적 사색으로 승화시켰다는 것이지요. 그 말대로라면 성격적 결함처럼 느껴지는 분노와 그 기억마저도 긍정적이게 승화시킬 수 있습니다. 그리고 분노와 거의 유사한 에너지를 가지고 있는 것이 바로 창조성입니다. 이렇게 내면의 어떤 요소를 완전히 새로운 것으로 바꾸는 과정을 하나의 연금술이라고 볼 수 있지 않을까요? 분노를 창조성으로 승화하는 방법, 일명 분노의 연금술이라고 이름 붙이겠습니다. 분노의 연금술로 분노를 아름답고 매력적이고 존경을 받을 만한 특성으로 변화시켜 봅시다.

제가 붙인 이름, 분노의 연금술은 우리 내면의 분노가 몇 가지 기술적 변화를 통해서 창조적인 인격으로 변환되는 비결입니다. 자, 그 가능성을 높이기 위한 몇 가지 과정이 있습니다. 첫 번째, 제일 먼저 공책부터 준비해주세요. 공책의 이름을 지어봅시다. '분노 공책'도 괜찮지만 그렇게 이름을 붙이면 공책을 볼 때마다 더 화가 날 것 같습니다. 대신 분노가 어떤 걸로 바뀌면 좋을지 생각해보세요. 바로 그 이름을 공책에 쓰는 겁니다. 이를테면 '화해 공책' 혹은 '성찰 공책'처럼요.

이제 첫 장을 펼쳐봅시다. 가장 먼저 정말 화가 머리꼭지까지 났던 순간을 떠올려보세요. 거기에는 화가 났던 대상과 주제가 있지요. 특정한 말, 특정한 단어, 특정 문장도 있어요. 그걸 먼저 찾아야 합니다. 마치 버튼을 누른 것처럼 보거나 들으면 화가 나는 대상과 상황, 단어들이 있을 거예요. 그걸 찾는 겁니다. 그래서 '나는 주로 누구에게 화가 나거나 혹은 어떤 상황일 때 화가 나거나 어떤 말을 들으면 견딜 수가 없어'의 형태로 써보는 거죠.

남성 같은 경우에는 무시당한다고 느끼는 단어가 있어요. 나를 무시하는 특정한 단어가 마치 하나의 버튼과 같아서 그 단어가 딱 들리는 순간 눈앞에 보이는 게 없어집니다. 남성만 그럴까요? 여성도 마찬가지예요. 저도 제가 싫어하는 말이 있어요. 바로 '한심하다'입니다. 그런 이야기를 많이 들은 것도 아님에도 저는 '한심'이라는 말과 그 말을 할 때의 전형적인 표정이 보이면 인간적 대화는 끝나버리고 말지요. 어쩌면 우리는 불씨 같은 불쏘시개를 내 가슴 속에 가지고 있는 거라 할 수 있습니다. 누군가 누르면 언제든지 바로 반응해버리는 거지요. 이번 기회에 컨트롤 해봅시다.

공책 이름을 적었다면 첫 페이지에 내가 분노하는 대상, 분노하는 상황, 분노하는 특정 단어 있으면 그걸 쓰세요. 그런데 이게 생각보다 힘들어요. 나의 콤플렉스와 수치, 부족함의 고백이거든요. 들키고 싶지 않은 것이거든요. 지금까지 나를 불태우고 남을 불태워서 관계를 완전히 초토화한 바로 그 대상과 상황, 단어를 겉으로 꺼낸다는 건, 내 눈으로 인식한다는 것입니다. 이미 나 또한 알고 있는 사실이지만, 막상 적는 건 달라요. 감정이 글자가 되는 순간 이성의 영역으로 건너가게 됩니다.

나의 분노가 하나의 질병이라 생각하면 일종의 병상일지가 될 수도 있겠지요. 나의 증상을 객관화해보기도 하고 다짐과 새로운 대응을 해보며 내가 어떤 회복의 과정을 거치는지 볼 수 있을 겁니다. 자신이 쓴 글을 읽어보세요. 누가 이렇게 나를 화나게 했고, 어떤 상황에서 그렇게 화가 났고 그래서 마지막에는 어떻게 됐는지를요. 그리고 오른쪽 옆에 빈공간을 조금 남겨두고 거기에 분노의 정도를 상중하로 나눠보세요. 스스로 분노의 정도를 분석해보세요.

여기에 '적정성'이라는 항목을 하나 더 추가하겠습니다. 그 분노가 과연 적절했는가? 그때 화를 냈던 게 적절했는가를 상중하로 다시 나누어서 재평가해보는 겁니다. '이미 다 지나서 관계는 초토화됐는데 이걸 쓰는 게 무슨 의미가 있을까' 생각할지도 모릅니다. 그런데 우리는 늘 같은 돌부리에 넘어집니다. 똑같은 상황에 또 화가 나고 또 열을 받을 겁니다. 그게 배우자건 자식이건 친구이건 부모이건 모르는 사람이건 말이죠. 나의 감정-반응 공식을 알고 이를 통제해보자는 거예요.

일지를 쓸 때 첫 번째 페이지에 분노 사건을 하나만 쓰지 마세요. 우리의 분노가 하나만 있었던 건 아니잖아요. 여러 개의 분노들을 쭉 적어보는 겁니다. 분노의 역사를 적어보면 그 가운데 분노와 고통의 우선 순위가 달라질 수도 있지요. 그리고 내 나름대로 나를 분석하는 겁니다. 셀프 분석이에요. 이 분석을 몇 번 하다 보면 나 스스로 평가할 수 있게 됩니다. 그때 분노가 적절했는지에 대한 평가, 이게 굉장히 중요합니다. 저는 첫 장에 최소한 3개

이상 하시기를 권합니다. 이후 점차 자세하고 구체적으로 써가
는 거죠.

분노를 잠재우고 조절하는 법

살다 보면 반드시 열 받고 누구도 통제하지 못하는 감정의 마
그마가 올라올 때가 있어요. 그때 한번 경험해 보세요. 내가 일지
를 썼을 때와 안 쓸 때가 어떻게 차이가 나는지요. 분노는 보통 누
적된 감정이 한꺼번에 쏟아지는 경험입니다. 그래서 그 자리에
서 화를 내는 경우도 있지만 조금 지났다가 나도 모르게 남들은
다 잊어버린 순간에 확 쏟아붓는 경우가 있거든요. 혹시 그런 순
간이 오거든 내 감정을 쏟기 전에 '쓰기'를 해야 합니다. 쏟기보
다 쓰기로 시작하자는 거예요. 이것만으로도 화를 컨트롤할 수
있게 됩니다. 분석 과정을 이어가다 보면, 화를 어느 정도 내야 할
지, 화를 어느 선에서 멈춰야 할지 그리고 어떤 말을 어떻게 해야
할지도 선택할 수 있습니다.

그러면 여기서 한 걸음 더 나가보세요. 화가 났을 때 나한테는
어떤 감정 대안 혹은 어떤 행동 대안이 있는가를 써보세요. 이를
테면 화가 많이 났을 때 어떤 사람들은 갑작스레 허공에 대고 있
는 힘을 다해 소리를 지르는 경우가 있어요. 저도 분노가 차올랐
을 때 친정집 앞에 있는 밭에 서서 엄마가 듣거나 말거나 "으아

아악~” 하고 크게 소리를 지른 적이 있습니다. 최고의 명약은 예방이듯, 분노에 대해 건강한 대안을 가지고 있어야 나도 불태우지 않고 타인도 불태우지 않을 수 있어요. 내가 내 인생을 불지르는 셀프 방화범이 될 수는 없잖아요. 타인을 불태우고 나를 불태우는 이런 비극이 어디 있겠습니까? 그래서 내 집에 불나기 전에, 남의 집을 태우기 전에, 한 번쯤은 감정 통제를 위한 대안을 찾아보셔야 합니다.

분노 공책으로 시작했지만 사실은 성찰 노트이기도 합니다. 성찰을 통해서 나의 분노를 분석해보고 분노의 대안을 찾아보는 거예요. 분노를 중심으로 한 이야기가 성찰 노트를 통과하는 과정은 몹시 힘들고 어렵고 고통스럽습니다. 그런데 이 과정은 최소 10주는 진행돼야 합니다. 이때 참고가 되면 좋을 만한 책 한 권이 있습니다. 뉴욕타임스 기자였던 줄리아 캐머런 *Julia Cameron* 이 10주짜리 자기 성찰 프로그램을 고안해 책으로 출간했습니다. 그 책이 바로 『아티스트 웨이』입니다. ‘아티스트 웨이’를 따라가는 10주는 시선을 미래에 두고 내 안의 창조성을 다시금 복원하고 가능성을 심화하고 확장하는 데 강조점이 있습니다. 성찰일지는 현재의 상황에 더 집중하고 내게 일어난 오늘의 일을 통해 내일을 풍성하게 하는 과정이기에 지금-여기에 집중하지요. 우리의 성찰 일기도 10주 차로 한 번 진행을 해보면 어떨까요? 굳이 책을 사지 않더라도 내가 가지고 있는 핵심 감정인 분노에 대한 조절이 어떻게 나를 아름다운 중년으로 만들어내는지 경험하게 되실 겁니다.

분노 일기는 스스로에 대한 위로와 동시에 타인과의 관계를 위한 아교가 될 수 있습니다. 이는 거대한 변화의 도가니가 되기도 합니다. 분노의 도가니가 창조의 도가니가 되는 겁니다. 그 과정을 통해서 내가 보다 나은 인격체로 태어날 수 있다면, 스스로도 만족하고 다른 사람들과의 관계도 원활할 수 있다면, 그리고 존경받는 아버지, 존경받는 어머니, 존경받는 형제와 사랑받는 친구 그리고 매력적인 선배가 될 수 있다면, 이 과정이야말로 분노의 연금술이 아닐까요.

중년이 되면 의무 속에 살아가는 경우가 많습니다.

최영미 시인이 '서른, 잔치는 끝났다' 했지요.

하지만 저는 중년이 되어서야 본격적으로

잔치가 시작된다고 말하고 싶습니다.

변화를 꿈꾸고 실행하면서

중년의 진정한 자유가 시작되기 때문입니다.

5장

나이 들수록

행복해지기 시작했다

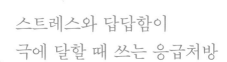

스트레스와 답답함이
극에 달할 때 쓰는 응급처방

갑자기 압박감이 느껴져서 숨을 못 쉬겠고, 식은땀이 절절 나는데 그 이유를 모르겠고, 빈맥(빠른 맥박), 심계항진(두근거림), 호흡곤란, 발한과 같은 신체 증상이 나타납니다. 갑자기 눈앞이 아득해지기도 하고 심지어 졸도하는 경우도 있습니다. 공황증상을 겪었을 때 나타나는 증상들입니다. 공황장애까지는 아니더라도 이런 증상을 한 번이라도 겪은 적이 있으신가요? 없다면 앞으로 올 가능성이 있습니다. 공황증상은 중년에 많이 경험하기 때문입니다. 대부분의 사람은 이런 공포의 원인을 알지 못해 혼란스러워하고 불안해하지요.

중년에 공황증상을 많이 경험하는 이유

외국에서는 공황증상 혹은 공황장애를 앓는 사람이 대부분

20~30대입니다. 그런데 놀랍게도 한국은 공황증상이 중년에게서 현저하게 높게 나타납니다. 우리나라에서 공황장애를 경험하는 연령대를 보면 40대가 제일 많고, 그다음이 50대입니다. 그리고 3위가 30대, 4위가 20대, 5위가 60대, 6위가 70대, 마지막이 10대입니다.[32] 왜 우리나라는 다른 나라와 다르게 중년이라는 나이에 공황증상을 압도적으로 많이 경험하는 걸까요? 몇 가지 원인으로 지목되는 게 있습니다. 흔히들 이야기하는 것은, 외부적 스트레스지요. 체면 문화가 많이 없어졌다고 하지만 우리나라는 여전히 타인의 시선에 민감합니다. 그래서 유행을 따라가지 못하면 뒤처지는 사람이라는 생각이 중년에도 여전하지요. 올드old하다는 말을 싫어하다 못해 중년기 성형도 많이 하니까요. 얼굴도 영young해야 하고 그래서인지 강박적으로 트렌드를 추종하는 것이 하나의 분위기가 되었습니다. 몸은 느려지는데 빠른 흐름을 따라가자니 외부적인 스트레스를 받을 수밖에요.

그리고 중년들을 샌드위치 세대라고 하잖아요. 윗세대를 부양하고 아랫세대를 성장시켜야 한다고 말하지만, 말을 바꾸어보면 위에서 여전히 압박이 내려오고 아래에서 젊고 유능한 세대가 쳐들어오듯 올라오면 그 한가운데서 압박감을 느낄 수밖에 없는 나이가 바로 중년이지요. 이렇게 낀 세대의 중압감에 더해 다양한 심리적 책임감과 의무감, 삶의 무게들이 몸으로 수렴되면서

40~50대에 공황증상을 많이 경험한다고 생각할 수 있습니다.

공황증상, 자가진단하기

지금부터 다음 증상 중에 몇 가지나 경험이 있는지를 한번 손가락으로 꼽아보세요. 공황증상들은 대개 10분 이내에 발생하고 20~30분 안에 대부분 소멸됩니다. 그러니 '아, 그랬었어, 맞아, 이랬던 기억이 있다' 싶은 것들을 한번 꼽아보세요.

	항목	예	아니오
1	덥지도 않은데 땀이 비 오듯 흐른 적이 있다.		
2	날이 춥지 않음에도 불구하고 손발이나 몸이 오한이 오는 것처럼 몸이 떨린 적이 있다.		
3	숨이 가빠지거나 턱하고 막히면서 호흡이 불규칙해진 적이 있다.		
4	숨이 가빠지거나 막히는 것을 넘어 질식할 것 같은 느낌을 받은 적이 있다. 질식감이라고 하는데 숨이 '읍' 하고 막히면서, '아, 이러다 죽겠구나' 싶은 느낌을 받은 적이 있다.		
5	가슴 부위의 통증이나 불쾌감을 느낀 적이 있다		
6	속이 미식거리면서 토할 것 같거나 어지럽고 실신할 것 같은 느낌을 받은 적이 있다.		
7	갑자기 구토를 하거나 졸도를 한 적이 있다.		

특별한 이유가 없는데 이런 상황이 있었고 나중에 보니 그 상황이 대부분 긴장 상황이었다는 분들이 계실 거예요. 앞서 말했

듯이 우리가 공황증상이라고 하는 건 일생을 통틀어 한두 번은 겪게 됩니다. 이 증상을 심각하게 보느냐, 대수롭지 않게 보느냐에 따라 다르지만 중요한 건 중년에 공황증상을 경험하면 이후에도 반복적으로 나타날 수 있다는 겁니다. 또한 그 증상이 다시나타날까 두려워 삶의 위축감이 커지고, 이게 신체의 여러 노화증상과 동반되면서 스스로에게 더 큰 압박으로 다가오는 경우가많습니다.

공황증상이 있었음에도 불구하고 책임감과 의무감으로 또 일상을 꾸려가야 하잖아요. 게다가 공황증상은 훨씬 더 심각한 상태로 진화해가기도 합니다. 이럴 때는 어떻게 해야 할까요? 물론시중에는 다양한 치료법이 있습니다. 정신과 전문의에게 처방받은 약을 먹을 수도 있고, 여러 가지 상담치료도 가능합니다. 그런데 전문적 치료를 받을 여건이 되지 않거나 증상이 치료를 받을만큼 중하지 않은 경우가 전체 비중으로 보자면 훨씬 많을 텐데, 이때에는 어떻게 하면 좋을까요? 일상 속에서 간단하게 공황증상을 해소하는 방법을 알려드리겠습니다.

오감을 활용해서 나를 구원하는 법

가장 대표적인 방법이 '그라운딩 테크닉*Grounding Techninques*'입니다. 구체적인 행동들을 기술적으로 활용해서 나의 감정적 흥분 상태를 잘 이완시키고 공황증상을 다루는 방법입니다. 쉬운 말로 Five, Four, Three, Two, One 테크닉이라고 부릅니다. 즉, 5, 4, 3, 2, 1 기술!

첫 번째, 숫자 5*five*는 카운트다운입니다. 가장 가까이 있는 물건 5가지를 고르세요. 이를테면 가까이에 꽃병이 있다면 꽃병을 살펴보는 겁니다. 주둥이가 어떻게 생겼고 병목은 어떤 모양인지, 자세히 살펴보는 겁니다. 꽃병 살펴보기가 끝났다면 그다음으로 가까운 물건, 이를테면 책으로 옮겨갑니다. 책도 여러 책 중에 한 권을 딱 고르세요. 저 책의 제목이 뭐고 표지가 무슨 색깔이고, 지은이가 누구고, 어떤 내용이고···. 그리고 관찰한 것들을 혼잣말로 주저리주저리 이야기해보는 건 더 좋아요. 가능하면 자세하고 꼼꼼하게, 마치 정물화나 정밀묘사를 하듯 구석구석 보고 그것을 말해보는 것이지요. 이런 식으로 5가지 물건을 선택해서 줌인*zoom-in*하듯 관찰해보세요. 하나의 대상을 집중해 살펴보는 것만으로도 주의가 분산되고 동시에 공포와 긴장, 불안의 감정이 줄어들면서 감정 에너지가 관찰 에너지로 바뀌게 됩니다.

두 번째, 숫자 4*four*는 만지기입니다. 주변의 물건 중에 만질 수 있는 것들을 찾아서 만져보는 겁니다. 만일 물건이 없다면 자기 몸도 괜찮아요. 머리카락 혹은 귀걸이를 만져보고 옷도 만져보세요. 화병을 만져보고 꽃잎도 만져보세요. 꽃과 꽃병의 질감, 책

표지와 안쪽 용지의 질감을 세밀하게 느끼면서 만져보는 겁니다. 책날개의 감촉을 말해보고, 꽃잎의 낯선 부드러움을 단어로 표현도 해보세요. 5에서 시각을 통해 감각을 분산했다면 4에서 몸의 감각으로 이동시키고 집중시키면서 물리적인 감각을 훨씬 더 증가하게 만듭니다. 이 감각이 비정상적 공황증상에서 유발되는 공포와 긴장되는 부분을 상당히 완화시켜줍니다. 아이들이 놀랐을 때 엄마한테 달려와서 가슴을 만지거나 몸을 비벼대는 이유도 이것입니다. 정서적 이완 효과를 내는 것이지요.

세 번째, 숫자 3^{three}은 듣기입니다. 청각을 사용하는 거예요. 가만히 귀 기울여 들어보면 주변에 작지만 미세하게 들리는 소리가 있습니다. 무엇이건 집중하여 들을 수 있는 3가지 소리를 찾는 겁니다. 의식하지 않으면 들을 수 없고, 의식하면 집중력이 가장 높아지는 감각이 청각이에요. 그래서 조용하고 작게 숨어있는 소리를 듣는 게 훨씬 더 효과적입니다. 그 소리가 음악이라면 그 리듬을 따라가는 것도 괜찮습니다. 이렇게 안정적인 템포를 찾는 것이 바로 엉클어진 나의 정서를 바르게 잡아주는 기준이 됩니다.

네 번째, 숫자 2^{two}는 후각을 활용하는 겁니다. 인간은 일상적으로 후각을 사용합니다. 냄새가 없는 것 같아도, 인간의 코는 수천억 가지 냄새를 구별할 수 있으니 맡으려고 하면 어디서든 냄새를 찾아낼 수 있지요. 우리가 사용하는 컵이나 옆에 있는 책에도 냄새가 있고요. 아무리 해도 냄새를 찾기 어렵다면 가까운 화장실이나 커피숍까지 걸어가서 냄새를 맡아봐도 좋습니다.

다섯 번째, 숫자 1^{one}은 바로 맛보는 겁니다. 미각을 활용하는 거예요. 미각은 굉장히 감각적인 작업입니다. 공황장애를 오래 겪은 사람들의 공통점은 주머니 안에 사탕이 있다는 점입니다. 사탕을 입에 물면 모든 감각이 혀로 확 모입니다. 혀의 움직임과 잇몸의 느낌, 치아의 느낌, 단맛이 주는 충만감, 안도감 이런 것들을 동시에 느끼는 겁니다.

그라운딩 테크닉은 공황증상일 때만 필요한 것은 아닙니다. 분노가 치솟거나 화가 많이 날 때도 가능해요. 그리고 스트레스가 너무 쌓여서 잠시 후면 폭발해버릴 것 같을 때도 효과를 발휘합니다. 미치고 환장하고 팔짝 뛰고 돌아버릴 것 같은 순간은 사람마다 다를 수 있으나, 제가 안내한 방법들 중 하나 혹은 두어가지를 섞어서 쓴다면 안정화를 위한 여러 가지 대안을 가지고 있는 것이니, 이처럼 좋을 수 없지요. 오감을 활용해서 온몸으로 나를 구원하는 그 과정, 필요 시에 유용하게 사용하기를 바랍니다.

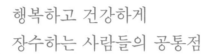

행복하고 건강하게
장수하는 사람들의 공통점

"몇 살까지 살고 싶으세요?" 100세? 150세? 노년기를 맞은 사람을 상담하다 보면 저에게 이렇게 말씀하십니다. "너무 오래 살까 봐 걱정이다" 이 말의 진짜 뜻은 오래 사는 게 싫은 게 아니라 노화를 경험하는 게 두렵다는 뜻입니다.

150세까지 기대수명이 늘어나는 일이 곧 도래할 것 같습니다. 실제 학계에서는 호모 사피엔스에서 트랜스 휴먼*으로, 트랜스 휴먼에서 포스트 휴먼**으로 간다는 이야기를 많이 합니다. 무병

● 몸속의 일부를 과학기술을 이용해 변환하거나, 몸속에 전자기술 등을 삽입하여 뛰어난 능력을 갖게 되는 인간.

●● 현 인류보다 더 확장된 능력을 갖춘 존재로서, 지식과 기술의 사용 등에서 현대 인류보다 월등히 앞설 것이라고 상상되는 진화 인류. 생체학적인 진화가 아니라 기술을 이용한 진화로 반영구적인 불멸을 이룰 것이라고 여겨진다.

장수를 꿈꾸며 혹은 영생불사를 꿈꾸며 살아가고 있습니다. 그러나 행복하지 않고 삶에 만족이 없고 기쁨이 없다면 장수는 재앙이고, 무병은 천벌이 될 수 있습니다. 반면 즐겁게 살면서 장수까지 한 사람도 많이 있습니다. 음식이나 운동 말고 행복하고 건강하게 오래 사는 방법은 없을까요? 그 필수 요소들을 함께 살펴보고자 합니다.

첫 번째 공통점, 독립적이고 외향적인 성격

프랑스의 잔 칼망*Jeanne Calment*이라는 할머니가 있습니다. 1875년에 태어나 1997년에 사망한 이 할머니는 122세 하고도 164일을 살았습니다. 즉, 이 할머니의 생애에 제1차 세계대전, 제2차 세계대전 그 이전에 산업혁명은 물론 프랑스의 여러 역사적 사건들이 축적되어 있습니다. 3년만 더 살았다면 3세기를 산 사람이 되었을 겁니다. 잔 칼망의 좌우명은 "첫째, 우리가 바꿀 수 있는 일은 즉각 조치를 취해야 한다. 둘째, 우리가 바꿀 수 없는 일은 그냥 잊어버려야 한다"[33]였다고 해요. 낙천적 성격이 확실히 장수의 굉장히 중요한 비결인 듯합니다.

우리나라에서는 일명 '백두대간 프로젝트'라는 걸 진행했었습니다.[34] 2006년 결과를 볼까요? 100세 이상 되신 분들이 뭘 먹고 어떻게 생활하길래 오래 살 수 있는가 관련된 연구였는데요.

장수한 사람들이 행복하고 건강하게 오래 살 수 있었던 비결을 찾는 연구였습니다. 많은 사람이 금연과 절제된 식사를 실천했지만, 그중에는 하루에 소주를 2병씩 마신 사람, 평생 하루에 담배를 2갑 이상 폈던 사람도 있었습니다. 그렇다면 장수한 사람들 중 절제하는 삶을 살았던 사람과 절제하지 않는 삶을 사셨던 사람 간에 공통점이 무엇일까요? 100세 이상을 살면서 건강했던 사람의 공통점이 바로 '독립적이고 외향적인 성격'이었습니다. "괜찮아. 아이고, 뭐가 문제야." 이런 말을 자주 했다고 해요.

2022년 전남대학교 노화과학연구소에서 조사한 결과 역시, 100세인들은 약 17%를 제외하고는 대부분 활동적이고 독립적인 삶을 살고 있었는데, 특히 정신이 건강했다고 보고하고 있어요.[35] 실제 건강상태와 무관하게 주관적 건강평가가 좋게 나타난 것 역시 긍정적 사고와 원만한 성격을 보여주지요. 이렇듯 낙천적 성격은 우리나라의 장수 어르신들의 핵심적인 요인이었다는 걸 발견할 수 있습니다.

두 번째 공통점, 규칙적인 하루를 보낸다

장수 어르신들의 특징은 바로 규칙이었어요. 당나라의 조주 스님이라고 전설로 전해오는 사람이 있습니다. 이분이 120세에 입적을 하셨다고 알려져 있는데요. 이 스님의 라이프스타일에 대한 연구들이 꽤 있습니다.[36] 이 스님이 평생에 걸쳐서 했던 가장 상징적인 행동이 바로 명상이었습니다. 시간을 정해놓고 그 시간이면 어김없이 정해진 자리에 들어가서 명상을 했는데 명상을 시작한 시간과 끝낸 시간이 한결같이 똑같았다고 합니다. 보통 2시간 정도 명상을 하는데 쉬는 시간 동안에 밥을 먹거나 법회를 하거나 산행을 했다고 해요. 명상을 중심으로 나머지 시간이 돌아갔다고 하니, 명상이 규칙의 핵심이자 생활의 중심이었다고 볼 수 있습니다. 이런 규칙적인 생활과 더불어서 술이나 담배와 같은 것들은 당연히 멀리했겠죠. 이 명상이 가져다주는 핵심적인 변화나 긍정적 의미에 더해 삶의 규칙까지 들어있었던 겁니다. 이런 규칙성이 조주 스님을 장수하게 하고 삶을 더 멋지게 만들고 타인의 귀감이 되는 굉장히 중요한 포인트였습니다.

세 번째 공통점, 성실하다

세 번째는 성실성입니다. 미국 LA에 아서 윈스턴이라는 사람이 있었습니다. 100세까지 버스 수리공으로 일을 했는데 은퇴한 지 20일 만에 사망했습니다. 100세면 잘 걷기도 어려운 나이라고 생각할 수 있는데, 최근 연구에 따르면 90세 이상인 사람 중에 자기 직업을 가진 사람이 훨씬 더 건강하다는 연구 통계들이 나오고 있습니다.[37]

이렇게 자기 직업을 가지고 있는 사람의 공통점이 있습니다. '빠짐없이 일터에 나왔다.' 이는 규칙이라기보다 오히려 성실성에 더 가깝습니다. 버스 수리공이었던 아서 윈스턴은 평생을 살면서 아내가 사망했던 날, 딱 하루만 결근했습니다. 어쩌면 이런 성실성이 아내를 잃은 것에 대한 슬픔을 원만하게 회복하고 빠르게 일상으로 돌아오게 한 것은 아닐까요?

사별과 관련된 상담을 하다 보면 2달이 넘었는데도 불구하고 일상을 회복하지 못한 채 사별의 슬픔에 빠져있는 사람이 많습니다. 사별 증후군이라고 하지요. 사별 증후군이 있는 분들과 상담을 할 때 가장 첫 번째 목표가 바로 일상의 회복입니다. 나가던 곳에 다시 나가고, 밥 먹던 시간에 다시 밥 먹고, 늘 하던 그 루틴을 다시 회복하게끔 하는 것이지요.

'나를 움직이게 하는 가장 큰 힘은 무엇일까?' 이렇게 물었을 때 저는 이렇게 답합니다. "일상이 가장 강력합니다." 일상의 힘이 얼마나 놀라운지 모릅니다. 매일 정해진 시간에 아침, 점심, 저녁 밥 먹죠? 아버지가 돌아가시고 어머니가 돌아가셔도 그 시간이 되면 배에서 꼬로로록 소리가 납니다. 이것이 바로 일상의 힘입니다.

따라서 일상을 유지하면서 슬퍼하는 사람은 회복이 빨라요. 일상이 무너진 사람은 회복이 거의 불가능할 경우도 많이 있습니다. 그만큼 일상이라는 건 우리를 일으키는 힘이자, 강력하게 우리의 삶의 패턴을 조절하고, 몸의 균형을 맞추고, 정신건강에 영향을 미치는 주요 요소이지요. 여기서 앞서 말한 아서 윈스턴 이라는 분이 왜 은퇴 20일 만에 사망하게 되었는지 생각해볼 수 있습니다. 20일 동안 삶의 밸런스가 무너져 버렸기 때문에, 성실의 패턴이 무너졌을 때 몸의 밸런스가 같이 무너졌기 때문은 아닐까요.

행복하고 건강하게 장수하는 사람의 공통점을 정리하면 첫째, 성격. 두 번째, 규칙. 세 번째, 성실성입니다. 이 중에 하나만 있어도 우리는 오래 살게 될 것입니다. 과학 기술과 의학이 발전하면서 여기저기를 고치고 치료받아가며 점점 우리의 수명은 늘어날 겁니다. 그렇게 장수는 우리 앞에 명확한 주제가 될 것입니다. 우리의 삶을 더 건강하게 행복감을 높이면서 살아가기 위해 3가지를 꼭 기억해주세요.

뜬구름 같은 행복이 아닌
현실적으로 행복해지는 법

미국 작가 제임스 오펜하임*James Oppenheim*이 이런 말을 했습니다. "어리석은 사람은 멀리서 행복을 찾고, 현명한 사람은 자신의 발치에서 행복을 길러낸다." 행복은 감정일까요? 아닙니다. 행복은 손에 만질 수 있고, 장면으로 구현될 수 있어야 합니다. 행복에 대한 정의를 살펴보면 '아프지 않은 상태'를 넘어 생활에서 기쁨과 만족감을 느껴 흐뭇한 상태, 복된 좋은 운수. 이렇게 나옵니다. 그런데 어떤 사람은 행복감을 잘 느끼고 어떤 사람은 행복감을 잘 못 느껴요. 왜 그럴까요? 머릿속에 그림이 없기 때문입니다. 머릿속에 사람마다 가지고 있는 행복의 그림이 있고 지표가 있는데, 막연한 행복을 추구하는 사람들은 결국 불행해질 수밖에 없어요. 막연한 행복은 행복이 아니라고 말하고 싶습니다.

당신의 행복 점수는 몇 점입니까?

감정이라고 해서 모든 행복을 포괄하는 것도 아니고 행복이라고 해서 갖은 감정이 다 들어가 있는 것도 아닙니다. 그러면 사람들이 행복을 못 느끼는 이유는 무엇일까요? 첫 번째, 행과 복에 대한 기본적인 기준이 불분명하기 때문입니다.

두 번째, 행복이 대단히 개인적이면서 추상적이기도 하고 상대적인 것이기 때문입니다. 내가 행복하다고 너도 행복한 게 아니고, 타인이 만족스럽다고 내가 만족스러운 게 아니라는 거죠. 행복, 사랑 이런 말들이 얼마나 추상적입니까. 더군다나 상대적이라서 행복하지 않은 상황이더라도 남들보다 내가 낫다고 느끼면 행복하다고 생각하잖아요. 만일 행복이 수치화되고 구체화된다면 어떨까요. 그러면 내가 행복한지, 덜 행복한지, 지금이 행복한지, 앞으로 행복해질 것 같은지, 어떻게 하면 행복해질지가 좀 더 선명하고 명확해질 수 있겠지요. 그래서 저는 감정을 수치화하는 작업, 흔히 척도 질문이라는 걸 많이 씁니다. 이를테면 이런 것들입니다. "가장 행복할 때가 10이고, 가장 행복하지 않을 때가 10이라면 지금은 몇 점 정도입니까?" 힘들고 어려운 상황에 놓인, 행복하지 못한 사람은 보통 "2점입니다" 혹은 "2에서 3점 정도 됩니다"라고 답합니다. 그러면 제가 또 한 번 물어봅니다. "그러면 행복까진 아니어도 괜찮은 상태라고 말할 수 있으려면 몇 점 정도가 되어야 할까요?" 그럼 대개 7~8점 정도가 이야기합니다. 그런데 2~3점에서 갑자기 7~8점으로 한꺼번에 점프할 수 없지요. 그러면 그 사이에 구간을 쪼개어보는 겁니다. "그러면 지금이 3점이라면 4점으로 가기 위해서는 무엇이 필요할까요?" 그렇게 4점이 되기 위해 필요한 항목들을 구체화하는 거죠. 4점에서 5점으로, 5점에서 6점으로, 6점에서 다시 7점과 8점에 이르기까지의 구체적 항목들을 찾는 겁니다.

각각의 구간에서 1점을 올리기 위해서 지금 나에게 필요한 건 무엇일까요? 최고일 때와 최하일 때 몇 점인가요? 지금은 몇 점이고 몇 점이 되고 싶은가요? 답해보시기 바랍니다. 이는 우리의 구체적 목표와 방법들을 물색하는 과정이 됩니다.

행복을 소비하는 사람 vs 행복을 소모하는 사람

어떤 사람은 행복의 조건을 다 갖춘 것 같은데 전혀 행복하지 않다고 말하며 자신은 매일 불행하다고 합니다. 어떤 사람은 누가 봐도 최악의 상황인데도 불구하고 행복하다고 이야기해요. 저는 이런 상황을 두고 '행복 능력'이라는 용어를 사용합니다. 사람마다 행복할 수 있는 능력이 따로 있다고요. 저는 행복 능력은 '행복을 느끼고, 발견하고, 수용하는 능력'이라고 정의합니다.

이렇게 생각해볼 수 있습니다. 어떤 사람들은 행복을 소비하고 어떤 사람은 행복을 소모한다고요. 행복을 소비하는 사람은 행복하다고 말하고, 행복을 소모하는 사람은 행복하지 않다고 말합니다. 왜 이런 행복 능력이 발생하는 걸까요? 행복을 소비하는 사람들은 행복을 절댓값이라고 생각합니다. 행복을 소모하는 사람은 행복이 상댓값이라고 느끼고요. 행복을 소비하는 사람은 일정 기준을 넘어가고 일정 기준을 충족하면 행복의 상태라고 보는 거죠. 반면 상댓값이라는 건 늘 대상이 있어야 합니다. 그래서 '비교 대상보다 ~하다'라고 얘기하지요. 그래서 비교하는 대상의 행복 기준이 올라가면 나도 같이 따라 올라가고, 내려가면 나도 따라서 내려갈 수밖에 없습니다. 남의 삶을 기준으로 살아가니 중년이 되어도 주체적으로 살 수가 없는 겁니다.

SNS를 보면 사람들이 올린 맛있는 거, 멋있는 거, 여행 모습 등에 현혹되어 그들이 나의 기준이 되기 쉽습니다. 그렇게 되면 그 기준에 따라가게 됩니다. 미셸 푸코*Michel Foucault*는 인간은 2가지 종류로 나뉜다고 말합니다. 종속적 주체와 능동적 주체. 종속적 주체란 나에게 주어진 것을 따라가며 사는 사람이고, 능동적 주체는 내가 만들어가며 주도적으로 살아가는 사람을 말합니다. 능동적 주체의 힘은 주변에 어떤 상황이 있어도 내 결정에 따라간다는 것입니다. 능동적 주체도 고민도 있고 어려움도 닥치기에 이래저래 흔들릴 수 있어요. 그러나 내 기준에 따라가기 때문에, 종속적인 인생보다는 행복감이 훨씬 더 높고 더 인간적으로 살아갑니다.

반면, 행복을 소모하는 사람들은 환상에 집중합니다. 잡을 수 없고, 이번 생애에는 불가능한 것들이 행복의 조건이라고 생각하는 것입니다. 완전한 착각이죠. 착각과 환상이 기준이 되기에 행복을 소모하는 사람들이고 행복 능력이 떨어질 수밖에 없는 사람들입니다. 마실 수 없는 것에 목말라하고, 잡을 수 없는 것에 손을 뻗는 꼴이니까요.

세 번째, 행복 능력이 높은, 즉 행복을 소비하는 사람들은 자기 존중이 중요한 사람들입니다. 그래서 나를 키우고 돌보고 사랑하고 매만지는 능력이 있습니다. 반면에 행복을 소모하는 사람들은 자기가 비대해져 있습니다. 자기가 비대해진다는 이야기는 자기 성장과는 다른 이야기입니다. 자기가 가지고 있는 게 뭔지 모른 상태에서 불필요한 것들까지 자기의 몫이라고 생각하거나, 스스로를 크게 보는 것이 자기를 더 발전시킨다고 생각하지만, 실은 독이 되는 경우가 많은 겁니다.

그래서 행복 능력이 높은 사람은 절댓값을 가지고 자기가 가지고 있는 능력치를 알고 자기를 존중하는 힘을 가지고 있는 사람입니다. 이에 반해 행복할 능력이 없는 사람들, 앞으로도 행복해지지 못하는 사람들은 행복을 상댓값이라고 보고 환상에 빠져있고, 자기 비대에 빠진 사람들이라고 할 수 있습니다.

행복 성취의 4가지 조건

그러면 어떻게 행복 능력을 높이면서 행복을 성취할 수 있을까요? 저는 누구나 지금 당장 행복해질 수 있다고 생각합니다. 지금부터 이야기하는 방식대로 생각하고, 그 기준을 고려한다면 누구나 행복해질 수 있지 않을까 합니다. 지금부터 이야기하는 행복 성취 조건을 기억하면서 과연 나는 행복한가를 자문해보세요. 행복을 성취하기 위한 조건은 크게 4가지입니다.

첫째, 구체화예요. 반드시 장면과 대상이 있어야 합니다. 그래서 저는 내담자들에게 어떤 말을 가장 좋아하는지, 어떤 사람에게 어떤 말을 가장 듣고 싶은지를 꼭 물어봅니다. 이를테면 부부의 경우 대개 사랑해, 좋아해 등 이런 대답들을 원합니다. 어떤 행동을 할 때 가장 행복하냐고 물어보면 대부분 안아줄 때, 은근하게 바라볼 때 등 굉장히 다양합니다. 이렇게 장면과 대상을 구체화하는 겁니다. 여러분은 어떤 장면이 행복의 장면이라고 생각하나요? 지금 생각해보세요. '어떤 장면일 때 난 행복한가? 난 어떤 장면일 때 좋지?' 장면이 구체적이고 대상이 분명해야 됩니다. 구체적이고 분명할수록 행복은 성취될 가능성이 높습니다.

두 번째가 단계화입니다. 나의 현재와 내가 꿈꾸는 이상의 차이가 크고 거리가 멀수록 불행을 겪을 가능성이 커집니다. 근데 이걸 단계적으로 쪼개면 행복해질 가능성, 성취할 가능성은 훨씬 더 높아집니다. 제가 척도 질문 알려드렸죠? 내 행복 점수는 현재 3점이지만 8점까지 올리고 싶다. 그럼 3점에서 4점으로, 4점에서 5점으로 1점씩 올리기 위해서 무엇이 필요한가를 보고 노력을 해가는 것이지요. 각 점수가 올라갈 때 필요한 요건을 실행하는 과정이 각 단계가 되는 것이구요. 계단을 오르듯 단계별로 행복해져야 최종적인 10점에 다가갈 확률과 성취의 가능성이 높아집니다.

세 번째가 행동화입니다. '1점 더 높이기 위해서 이게 필요하다'고 아무리 머릿속으로 그려본들 행동하지 않으면 말짱 도루묵이에요. 대개 1점을 높이는 항목들은 굉장히 사소해요. 그래서 행동으로 옮기기 쉽습니다. 그러니 구체화하고, 단계화하고, 행동화해보세요. 많은 사람이 행복을 대단한 거라고 생각합니다만, 저는 아무 일 없고 별일 없으면 행복합니다. 저의 기준은 별일 없는 게 행복이에요. 여기서 1점 높아지려면 1인 1닭입니다. 가장 행복한 장면에 어떤 것이 추가되면 더 행복한가 생각해보세요. 살짝 더 행복감을 올리는 그 덤이 인생의 덤이 될 것입니다.

그런데 장기적으로 행복해지고 싶으세요? 그렇다면 네 번째로 습관화가 필요합니다. 바로 기억 습관이 필요해요. 행복했던 순간을 자꾸 머릿속에 떠올려서 나 혼자 웃고, 행복했던 순간을 자꾸 발화하고, 기억으로 반복해야 해요. 이걸 심리학에서는 '재생 경험'이라 합니다. 다시금 떠올려서 생생하게 만드는 과정인 거죠. 다시 생명을 불어넣어서 행복했던 장면을 다시 경험해보는 겁니다. 구체화, 단계화, 행동화, 현실화. 이 행복의 성취 조건 4가지가 행복 능력을 향상시키는 비결입니다.

죽을 때까지 우아하고 싶다면,
적응 유연성을 키워라

　　여러분 유연하십니까? 유연한 것을 생각하면, 하나는 몸의 유연성일 거고요. 다른 하나는 마음의 유연성일 겁니다. '몸의 유연성' 하면 어릴 적 의자 위에 올라가서 허리를 숙여 쭉 뻗은 손끝이 발끝에 닿는지 혹은 발끝을 넘어가는지 게임을 했던 게 생각나요. 쭉쭉 늘어나고 부드러워서 꺾이는 상황에도 대응을 잘하게 되는 것이지요. 그럼 마음의 유연성은 어떨까요? 마음의 유연성을 다른 말로 하면 관대함, 수용력, 포용력이라고 이야기합니다. 나이가 들면서 관대해지고, 포용하고 싶은데 어떻게 된 게 나이가 먹을수록 더 좀팽이가 되는 것 같고, 고집만 세지는 것 같습니다. 우리의 몸과 마음의 건강한 회복력을 적응 유연성이라고 하는데 이 적응 유연성을 증가시키기 위해서는 무엇이 필요할까요?

영정 사진마저 우아하고 싶은 요즘 중년들

액티브 시니어의 라이프 스타일에 대한 연구들을 보면 액티브 시니어의 라이프 스타일은 크게 5가지의 유형으로 나누어집니다.[38] 첫 번째, 노후 설계형이에요. 나는 오십 이후에는 이렇게 살 것이고, 60대와 70대, 80대, 90대를 넘어서는 어떻게 살 것인지 계획하고 환경, 사회, 건강, 관계 등 모든 것을 다 관리하는 사람입니다.

두 번째는 정보 추구형입니다. 광범위하게는 50대에서부터 70대, 범위를 좁히면 50~60대까지입니다. 이들은 새로운 기기, 스마트폰이나 SNS 등 다양한 매체의 사용법들에 아주 민감하게 반응하고, 정보를 광범위하게 수집합니다. 이 정보 추구형에는 당연히 경제 정보도 들어갑니다. 주식과 펀드, 채권과 같은 다양한 정보들을 많이 알고, 이용해서 재테크로 내 삶의 안정성을 확보하는 사람들이지요.

세 번째로 휴식형이 있는데요. 말 그대로 휴식형은 은퇴 이후에는 사회적 참여를 하지 않고, 그냥 쉬는 사람입니다. 최근 코로나 이후로 생활 패턴이 변화하면서 이런 휴식형이 많이 증가하고 있습니다.

마지막이 사교형인데요. 이 사람들은 '지금부터 나에게 가장 중요한 건 위축된 관계가 아니라 확장될 관계다'라고 생각하고 사는 사람들입니다. 이들은 사람과 관계에 기꺼이 시간을 투자하는 그룹이에요.

여러분들은 어떤 유형에 들어가나요? 분명한 건 어떤 것에 우선순위를 두느냐 뿐이지, 대부분의 액티브 시니어들은 노후 설계와 건강 관리와 정보 추구와 휴식과 사교 이런 것들을 골고루 균형 있게 해나가고 있습니다.

요즘 액티브 시니어들에게 영정사진을 어떤 사진으로 하고 싶냐고 물었습니다. 그랬더니 90% 이상이 "웃는 사진으로 하겠다", "화보처럼 찍고 싶다"고 답했습니다.[39] 여러분은 영정사진을 어떻게 찍고 싶으세요? 웃으면서? 아니면 근엄하게? 우리나라 배우 중에 손숙 배우가 계시죠. 손숙 선생님께서 저한테 미리 영정사진을 찍었다며 보여준 적이 있습니다. 그런데 제가 깜짝 놀랐습니다. 얼마나 우아한지, 아름다운 긴 드레스를 입고, 너그러움과 삶에 대한 관조까지 담겨 있는 표정으로 약간 몸을 틀어서 찍은 사진이더라고요. 제가 그걸 보고 저의 영정사진의 스타일과 계획을 바꾸게 되었습니다.

액티브 시니어들이 가지고 있는 라이프 스타일이 바로 이런 겁니다. "절대 밀리고 싶지 않아. 나는 초라하게 마지막을 살고 싶지 않아." 이런 기본 전제가 깔려 있습니다. 그런데 액티브 시니어에 대한 얘기를 듣다 보면 이런 생각이 들죠. '나는 별로 돈도 없고, 나는 액티브하지 않아. 오히려 활동적이기보다는 조금 조용한 편이고 약간 우울감도 있어. 나는 액티브 시니어 아닌 것 같아.' 그런데 세네카가 이런 얘기를 했습니다. "인생의 끝자락에서 느끼는 나름의 기쁨이 있다." 이게 바로 액티브 시니어들이 지향하는 바입니다.

"나 좀 풍요롭지 않아도 나머지 부분이 있으면 괜찮아."

"난 우울감이 좀 있긴 하지만, 그 외에는 별문제가 없으니 괜찮지 뭐."

스스로를 평가해서 자기가 그렇다고 생각하면 액티브 시니어입니다. 주관적 연령과 주관적 판단에 따라 결정이 되는 겁니다. 지금 풍요롭지 않아요. 우울감도 있을 수 있어요. 그리고 활동량이 좀 적을 수 있습니다. 그러나 우리가 인생의 끝자락에서 느끼는 나름의 기쁨이 있고, 그 기쁨을 더 크게 키우고 싶다는 욕망이 있고 그걸 어떤 식으로든지 뭔가 하고 있다면 당신이 바로 액티브 시니어입니다.

마음의 유연성을 키우는 가장 확실한 방법

'마더 테레사 효과'라는 심리학 법칙이 있습니다. 1998년도에 하버드대학 의과대학에서 '수명 연장의 비밀'이라는 프로젝트를 진행했습니다.[40] 선한 행동이 수명을 연장하는 데 영향을 미치는가에 관해 하버드대생 132명을 대상으로 항체 수치 변화에 관한 여러 실험을 했습니다. 그 실험 중 하나로 하버드생 132명에게 비디오를 보여줬는데, 그 비디오는 테레사 수녀가 빈민가에 있는 깡마른 아이에게 우유를 먹이는 장면이었습니다. 그 장면을 한참 동안 바라보게 하는 겁니다. 그리고 사람들의 입안에 있는 침을 계속 모으도록 했습니다. 그 침을 조사했더니 침 안에 면역 항체 수치가 50%나 증가했다는 겁니다. 이 결과는 우리가 선한 행동을 하는 것을 보기만 해도 우리 속에 면역 항체가 생겨난다는 것을 방증합니다. 일명 '헬퍼스 하이*Helper's High**'라고 합니다. 다른 사람을 도울 때 혈압과 콜레스테롤 수치가 낮아지고 엔도르핀이 3배 이상 분비되는 등 신체적인 변화가 몇 주에 걸쳐 지속됩니다.[41] 여기에서 나오는 말이 바로 적응 유연성이라는 말입니다.

스스로를 어떻게 변화시켜 갈 것인가 생각해보세요. 몸과 마음의 유연성을 합쳐서 '적응 유연성'이라고 합니다. 그 적응 유연성 안에는 내가 가지고 있는 선한 마음, 나를 사랑하고 더불어 타인까지도 사랑하려는 태도, 그 태도가 우리의 적응 유연성이자,

---

* 정신의학적 용어로써 말 그대로 타인을 도울 때 도움을 주는 사람들의 기분이 좋아지는 현상.

동시에 적응 유연성을 향상시키는 역할을 합니다. 즉, 선한 마음은 내 몸의 항체와 내 마음의 항체까지도 증가시키는 결과를 일으킵니다. 여러분이 가지고 있는 적응 유연성을 향상시키기 위해서 사회 참여를 적극적으로 하기를 권합니다. 더군다나 가능하다면 좋은 영역에서 선한 일에 참여하시기를 바랍니다.

액티브 시니어들을 위한 사회 참여 검사지가 있습니다. 굉장히 간단해요. 7문항밖에 되지 않습니다. 검사지를 보면 사회적인 활동에 직접 참여하는지를 크게 7가지 항목으로 나누었습니다. 항목은 친목 중심의 모임, 학습 활동, 정치 활동, 종교 활동, 자원봉사, 경제 활동 이렇게 나누고요. 전체적으로 모임을 하는지, 안 하는지까지 봅니다. 참석하면 1점, 참석하지 않으면 0점입니다. 점수가 높으면 높을수록 사회 참여 빈도가 높겠죠. 놀랍게 점수가 높으면 높을수록 사회 참여가 많으면 많을수록, 스스로가 더 건강해짐을 느낀다고 합니다. 많은 사람이 이렇게 고백하지요. 활동을 하면서 더 괜찮은 사람이 된 것 같다고요.

결국 액티브 시니어는 이 사회의 적응자로서 유연성을 갖기 위해서는 보다 많은 사회 참여를 하는 것이 도움이 된다는 것입니다. 게다가 선한 활동에 참여하는 것은 우리의 몸과 마음까지 아름답게 만드는 중요한 매개가 됩니다. 한번 생각해보세요. 나는 이 사회에 어떤 선함으로 참여할 것인가. 나는 나와 또 나의 이웃과 이 공동체 속에서 어떤 어른으로 선함을 드러낼 것인가. 결국 그 선함은 돌고 돌아 최종적으로 나의 건강과 유연성을 향상시키는 데 기여하는 것입니다. 이제 새로운 시작을 계획해보길 바랍니다.

액티브 시니어의 사회 참여 검사지

최근 1년간 활동에 관한 질문입니다. 참여 여부를 해당하는 칸에 표시하세요.

	항목	예	아니오
1	모임이나 단체 활동을 한다(친목회, 동창회, 향우회, 동호회, 계 등)		
2	여가 활동을 한다(취미, 등산, 노래, 정원 가꾸기, 유튜브 등)		
3	학습 활동을 한다(노인 교실, 평생 교육 프로그램, 사이버 대학 등)		
4	정당 활동 등 정치활동을 한다.		
5	기독교나 불교와 같은 종교 활동을 한다.		
6	자원봉사 활동을 한다.		
7	경제 활동을 한다.		

◆ <액티브 시니어의 사회 참여 검사지>는 각 활동에 직접 참여하는지 여부를 친목 중심의 모임, 학습 활동, 정치 활동, 종교 활동, 자원봉사 활동, 경제 활동으로 나누어 표기하게 되어 있고, 참여=1점, 불참=0점으로 합산 후 점수가 높을수록 사회 참여 빈도가 높은 것을 말한다. 사회참여는 한 가지 이상이어도 되며 욕구에 따라 여러 개의 사회적 활동을 동시에 진행할 수도 있다. 체력과 감정력과 여력이 갖추어 있다 해도 자신의 흥미와 한계를 잘 알고 조절할 때 사회적 참여는 삶의 만족으로 이어진다.

행복하게 자신의 삶을
잘 지켜내는 법

어떤 사람이 나이가 들어서도 행복하게 지내고, 자기 삶을 잘 지켜내는가. 이것에 관련된 연구가 있습니다. 바로 '그랜트 연구'입니다. 이 그랜트 연구는 미국의 그랜트라는 사람이 펀드를 마련해 지원해서 70년 넘게 사람들이 성장하고 나이 들어가며 어떻게 변화하고 행복감을 느끼는가에 대한 종단 연구입니다.[42] 횡단연구는 같은 시대에 있는 사람들의 특정 주제를 가지고 또래들을 연구하는 거라면, 종단 연구는 시간을 따라 생애를 추적해가며 그 과정들을 연구하는 걸 말합니다. 그러니까 종단 연구는 시간도 많이 들고 공도 많이 들겠죠. 그 연구를 하버드대학에서 시작했습니다. 1938년부터 지금에 이르기까지 이어지는 종단연구가 진행될 동안 몇 번의 연구자가 바뀌어서 최근에는 하버드대학의 조지 베일런트 *George Vaillan*라는 사람이 이 그랜트 연구를 맡아서 담당하고 있습니다.

그랜트 연구는 1938년부터 시작해서 814명을 대상으로 크게 3개의 그룹을 나눕니다. 하버드대학을 졸업한 그룹 하나, 평범하지만 약간은 가정형편이 좋지 않은 보스턴 지역의 한 고등학교의 청소년 그룹, 또 하나는 IQ 140 이상이 되는 당시의 천재 여성들을 이루어진 그룹(이를 터먼 그룹이라고 합니다)입니다. 이 3개의 그룹을 대상으로 시간이 지남에 따라 이들이 가지고 있는 특성들을 살피고 최종적으로 누가 가장 행복할까를 세월을 따라가며 지켜본 겁니다. 장장 75년을 말입니다.

첫 번째는 똑똑한 그룹, 두 번째는 평범한 그룹, 세 번째는 머리가 좋지만 여성이기 때문에 당시에 한계가 있었던 터먼 그룹. 이때 결과적으로 누가 더 행복하고 덜 행복했다가 중요할 것입니다. 그런데 그건 개인마다 다 달랐어요. 정작 무엇이 이 사람들의 행복을 결정하는 요소였는지가 더 중요했습니다. 우리가 중요하게 생각했던 요소들이 의외로 나이가 들면서 행복의 요소가 아니었던 것들이 있거든요. 의외로 실제 행복에 별로 영향을 못 미쳤던 항목들로는 첫째, 조상의 수명입니다. 내 아버지, 어머니가 몇 살 정도까지 살았는가는 별로 행복에 큰 영향을 미치지 않았고요. 두 번째, 콜레스테롤 수치도 우리 행복에 큰 영향을 미치지 않았습니다. 스트레스, 부모의 특성, 또 유년기의 성격, 사회적

유대관계, 의외로 이건 우리가 잘 나이 먹고 행복하게 나이 먹는 데 생각보다 영향을 미치지 않았어요.

중년 이후 행복에 영향을 미치는 요소

그럼 도대체 어떤 요소가 중년 이후의 행복에 영향을 미쳤을까요? 조지 베일런트가 했던 이야기 중에 저는 이게 가장 마음에 들었어요. "우리의 과거에 일어났던 일은 우리의 미래에 생각보다 큰 영향을 미치지 않았다." 심리학 영역의 공부를 조금 해봤던 분들, 또 실제 심리학을 자세히 공부하지 않았더라도 관심이 있었던 분들은 이런 얘기 많이 들어보셨잖아요. 5세 이전의 성격이 평생을 좌우한다고요. 그런데 이건 지그문트 프로이트*Sigmund Freud*라고 하는 한 사람의 의견이었던 것이지 그의 주장이 인간의 삶을 통과하는 정답은 아니거든요. 심리학에는 여러 가지 의견과 주장들이 있습니다. 그중 어떤 것을 내가 믿고 선택하느냐에 따라 달라요.

저는 에릭 에릭슨*Eric Ericson*이라고 하는 학자를 좋아하고, 그 사람의 인생 수정론을 자주 이야기합니다. 어린 시절은 물론 중요하지요. 그런데 인생에는 각각의 단계마다 숙제가 있어요.(에릭 에릭슨은 전 생애의 발달 단계를 8개로 나누고 각 단계마다 발달과업을 제시했다.) 근데 부모를 잘못 만난다고 그 숙제를 평생 못 하는 게 아닙니다. 나중에라도 숙제를 도와주는 사람을 만나 숙제를 끝내면 되거든요. 에릭 에릭슨은 인생은 늘 수정이 가능하다고 이야기합니다. 조지 베일런트의 그랜트 연구에서도 마찬가지로 과거에 있었던 일이 우리의 미래를 결정짓지 않더라고 말합니다. 과거가 미래의 행복을 결정짓는 게 아니에요. 영향이 없는 건 아니지만 무조건 과거에 따라 결정을 하는 게 아닙니다. 위 이론과 연구들을 통해 우리는 늘 현재를 선택하는 사람들이라는 걸 알 수 있습니다.

두 번째, 우리가 가지고 있는 감사와 관대한 마음. 이건 우리 행복감에 영향을 미친다는 겁니다. "땡큐 *thank you*" 하는 사람들도 좋았으나 그보다 "괜찮아, 그럴 수 있지 *Okay, fine!*" 이렇게 이야기하는 사람들의 인생이 더 좋았다는 거죠. 나이 들수록 꿀 떨어지는 부부들의 비결 있었잖아요. 20년 이상 결혼 생활을 한 40쌍의 부부를 연구했을 때 이 부부들에게서 나온 정말 중요했던 말, 그들이 가장 많이 쓰는 말은 "사랑해"가 아니라 "괜찮아"였습니다. 이게 바로 감사와 관대함의 대표적인 단어가 아닌가 싶어요.

세 번째가 50대의 행복한 결혼생활입니다. 50대는 우리나라 사람들에게 인생의 전환기와 같습니다. 50대에 자녀들이 성장함에 따라 찾아오는 빈 둥지, 갱년기, 퇴직에 따른 사회경제적 변화, 부모의 사망 등이 가까운 시기 혹은 한 해에 몰아서 발생하기도 하지요. 매우 예민하고 동시에 배우자 역할에 대한 기대가 커지는 시기입니다. 배우자에 대한 기대가 충족된다면 부족하더라도 둘의 연합으로 60대부터의 거대한 인생 2막을 힘내어 준비하겠지요. 그러나 만일 기대가 허물어지거나 배신감에 몸서리를 치게 된다면 부부는 각자 변곡점 앞에 서게 될 겁니다.

네 번째는 알코올 중독입니다. 중년기 50세 이후 중독은 절망의 누룩으로 지어진 독주 속에 익사하는 과정과 같습니다. 늦바람이 무섭다는 말처럼 뒤늦은 나이 알코올 중독은, 부엌에서 몰래 술 마시다 돌이킬 수 없는 중독에 빠지는 키친 드렁거*kichen Drunker* 처럼 발견도 힘들뿐더러 치료 저항도 크며 일단 치료를 시작해도 매우 힘든 과정을 거쳐야 합니다. 스스로 느끼는 인생 실패감 역시 크지요.

다섯 번째가 나이가 젊은 친구들을 만나는 것이 수입 증가보다 행복도에 더 기여를 했습니다. 이거야말로 지금 21세기 온라인이 대세를 이루고, 코로나 이후 비대면으로 만나서 대화하고 일하는 것이 익숙해진 사람들에게 너무 중요한 정보입니다. 지금은 여러 매체를 통해서 젊은 세대와 새로운 교류도 가능하고, 여러 강연 프로그램에서 젊은이들이 나와서 이야기를 많이 합니

● 주방에서 술에 취한 사람이라는 뜻으로, 알콜 의존증에 빠진 주부들을 일컫는 말.

다. 그것을 듣는 것만으로도 소통의 시작이 됩니다.

마지막으로 좋은 주관적 건강상태입니다. 이것은 실제 내가 나 스스로의 건강을 어떻게 평가하느냐를 뜻하는데요. 이를테면 비슷한 건강상태임에도 "아, 나 맨날 아파. 맨날 아파 죽을 것 같아" 하는 사람이 있는 반면에 "난 괜찮다. 근육 만들면 되지", "나는 다른 사람들보다 괜찮은 편인 것 같아"라고 생각하는 사람이 있습니다. 스스로가 건강하다고 느끼고 또 건강해질 수 있다고 믿는 분들이 생의 행복감은 훨씬 더 높았고, 사회적 적응력과 친밀감에 대한 실행력도 훨씬 더 높았습니다.

행복한 노년기를 준비하는 자세

조지 베일런트의 그랜트 연구는 행복에 영향을 미치는 요소뿐만 아니라 성공적 노화를 예측하게 하는 7개의 요소까지도 꼽았습니다. 그런데 정말 뻔한 결과에요. 이 뻔한 7개 중에 몇 개나 포함되는지 한번 보세요. 먼저 교육 부분입니다. 이미 이 책을 읽고 있으니 성공적인 노화의 가능성이 대단히 크다고 볼 수 있습니다. 두 번째, 안정된 결혼생활. 이 책에는 꿀 떨어지는 부부로 만드는 기술이 들어있으니 가능할 것 같고요. 그다음, 가능하시다면 금연이나 금주도 하셨으면 좋겠고, 그리고 운동, 또 적정한 체중. 평소에도 안정되게 건강을 유지한다면 이걸 어느 정도를 유지하고 있겠죠. 마지막 성숙한 방어 기제가 있습니다. 성숙한 방어 기제는 대표적으로 자기가 현재 겪고 있거나 과거에 겪었던 고통을 어떻게 해석하느냐예요. 개인이 자신이 겪은 고통이나 처해 있는 상황에 대한 해석능력이지요. 이걸 에릭 에릭슨 이론으로 설명하자면 '통합성'입니다. '지난 것들이 아쉽고 답답하고 창피한 것도 많지만 그래도 최선을 다했고, 지금은 괜찮아. 앞으로도 열심히 지금의 자세로 살아갈 거야. 더 나은 사람이 될 거야. 나이 들수록 더 노력할 거야.' 이런 마음을 가지고 내 과거의 통증과 아픔을 잘 승화시키고 별문제 없이 지나간다면 성숙한 방어 기제를 가지고 있는 것입니다.

이 7가지 중에 50대에 대여섯 개 정도만 있으면 80대까지도 행복감이 훨씬 더 커집니다. 그런데 이 중 3개 미만이라면 그분들은 80대에 이르도록 행복을 거의 경험하지 못한 분들이라지요. 그럼 적어도 4개 이상이면 되겠죠? 4개 이상이 된다면 앞으로 하나씩 더 늘려가면서 살아보면 어떨까요? 미술 조각 중에 찰흙을 붙여서 작품 만드는 경우를 가법加法이라고 합니다. 처음부터 계획해서 돌덩이에 조각을 하듯 파고들어가는 방식은 감법減法이라고 하구요.

어디 인생이 계획대로 다 되던가요? 항상 후회하고 아쉬워하는 걸 보면 인생은 감법보다는 가법인듯합니다. 감법처럼 모 아니면 도의 인생을 사는 사람들은 거의 없어요. 인간은 가법의 역사로 존재를 유지하고 문명을 발전시켜왔지요. 이제 우리는 한 살 한 살 더 나이를 먹어갈 텐데 중년을 행복하게 만드는 요소들을 한 가지씩 덧붙여봅시다.

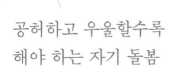

공허하고 우울할수록
해야 하는 자기 돌봄

철학자 키에르케고르가 이렇게 이야기했습니다. "가장 흔한 절망의 형태는 자신의 본모습으로 존재하지 못하는 것이다." 굉장히 멋있는 말이죠. 가장 큰 절망이 뭐냐면 내가 아닌 것들로 살아가는 것이라는 거죠. 생각해보면 우리는 정말 많은 일과 역할을 해왔습니다. 그중에 진짜 나는 누구일까 생각하게 되죠. 그곳에는 가짜 관계와 가짜 인격과 가짜 감정들이 있었습니다. 그리고 거기서 느껴지는 열등감, 공허감, 무기력감 이런 것들이 다 합쳐져서 마치 내가 아닌 내 모습으로 사회적인 나, 껍데기만 남아 있는 경우들이 많습니다. 그리고 이제 중년이 되어 거울 앞에 서면 스스로 인정하게 되지요. 더 이상 나를 지탱할 만한 능력도 없고, 에너지도 없고 관계망도 탄탄하지 않구나. 이때 나에게 무엇이 남아 있고, 어떤 능력이 있나. 그때 이런 생각이 들기 쉽습니다. 이런 공허감을 평생 가지고 살아야 하는 걸까?

아니요, 절대 아닙니다. 이건 충분히 달라질 수 있는 감정입니다. 마음의 깊은 안쪽부터 메아리처럼 올라오는 이 공허감. 도무지 채워지지 않은 것 같은 이 공허의 감정을 어떻게 해소해야 할까요?

인생의 공허감을 해소하기 위해 해야 할 것

첫번째는 감정 다루기입니다. 나쁜 감정은 없다는 말 들어보셨어요? 이 세상에는 많은 감정들이 있습니다. 오욕칠정이라고 흔히 이야기하는 희노애락애오욕喜怒哀樂愛惡慾은 곧 기쁨·성남·슬픔·즐거움·사랑·싫음·욕망을 말하는데, 이것들은 모두 감정하고 연결된 단어들입니다. 우리가 알고 있는 감정 자체는 나쁜게 아닙니다. 선하거나 악한 것도 아니고 옳고 그름의 여부를 판단할 수도 없지요. 그저 표현이자 단어일 뿐입니다. 그런데 그 단어들이 내 심장에 들어오면 마치 영화 〈어벤져스〉 아이언맨의 심장에 달린 에너지원 같은 역할을 합니다. 불이 들어오면 그의 전체 에너지원이 되는 것처럼, 감정이 장착되는 순간 우리의 모든 것에 영향을 미치게 됩니다.

그때 기억할 것은, 감정이라는 것 자체가 도덕을 가지고 있는게 아니라는 것입니다. 그렇기 때문에 어떻게 쓰느냐가 중요합니다. 어떻게 쓰느냐를 생각하기 전에 해야 할 것은 나의 감정 중에 인정할 감정은 인정해야 한다는 것입니다. "난 소심해", "나 엄청 다혈질이야"라는 인정하기처럼 속 편한 게 없습니다.

여러 감정 중에 반복적으로 올라오는 부정적인 감정들이 있습니다. 때로 우리는 그 감정들을 자꾸 밀어내려고 하고 억압하면서 인정하지 않으려고 하는데, 누를수록 오히려 더 튀어 올라옵니다. 어차피 자꾸만 올라온다면 이제는 이 감정을 인정해봅시다. 감정도 내 것이니까요. 공허감이나 우울감, 흔히 말하는 부정적 정서가 올 때 가장 먼저 떠오르는 생각은 슬픔, 우울, 안타까움, 쓰라림, 상처 같은 것들을 다 없애고 싶어 해요. 부정적인 것이니 제거하고 없애야 한다고 판단한 것이지요. 그런데 없애고 싶어서 없앨 수 있다면 걱정이 없겠지요. 그러니 없앨 수 없다면 관리하면서 같이 공존해야 합니다. 여러분, 혹시 당뇨 있으세요? 저희 어머니와 시아버님 모두 당뇨가 있으신데, 당뇨 전문가인 세브란스 전문의 안철우 박사님이 그런 얘기를 하시더라고요. "당뇨는 친구야." 잘 관리하면서 같이 살아가야 한다는 뜻이죠. 관리만 잘하면 괜찮은 친구예요.

우리는 보통 자신의 부정적 감정은 절대 인정하지 않습니다. 완벽한 존재가 되어야 한다는 소망이자 기대가 있지요. 사실 그게 오만일 수도 있어요, 왜 슬픔과 공허함이 오면 안 되나요? 이 감정들이 가까우면서도 낯설고 두렵게 느껴지는 것은 사실 완벽을 위한 무의식적 강박 때문인지도 모릅니다. 그러나 장기간 이 정서들을 방치했단 말입니다. 마치 같이 사는 가족을 고려하지 않는 것처럼 말입니다. 그러니 공허감 역시 그냥 인정하면 어떨까요?

"그래, 나 공허해. 텅 빈 듯한 느낌이 들 때 있어. 이 감정이 때론 나를 막 미치게 만들 때가 있어." 이걸 어떻게 얘기하나, 사람들이 나를 겁쟁이로 보면 어쩌나 이렇게 생각할 수도 있겠지만, 꼭 알아두세요. 내 생각과 달리 사람들은 우리에게 관심이 없다는 걸 말입니다. 사람은 다 자기 자신에게만 관심이 있답니다. 그러니 나에게 가장 관심이 많은 내가 나를 위한 용기를 내보면 좋겠습니다. 저는 이런 용기를 내는 분들만이 치료를 기꺼이 받아서 변화를 만들어낼 수 있는 사람이라고 생각합니다.

내게 오는 공허감과 약간의 우울감, 내가 부족하다는 느낌, 나의 어리석음, 가끔씩 나만 알고 있는 멍청함, 이런 거 먼저 인정해 보세요. 다시 강조하지만 나쁜 감정은 없습니다. 그 감정을 어떻게 활용하거나, 잘 관리하느냐에 따라 나의 삶과 자신에 대한 평가도 달라질 수 있습니다.

중년일수록 자기 돌봄

두 번째는 자기 돌봄을 시작해야 합니다. 중년이야말로 자기 돌봄이 필요해요. 지금까지 내 청춘과 피, 땀, 눈물, 골수까지 바쳐 아이를 키웠고 이 사회에 헌신했고 뭔가를 이루기 위해서 애써왔잖아요. 그러는 동안에 정작 빠져있는 건 바로 나였습니다. 다 이루었는데 내가 빠진다면 그게 무슨 의미가 있겠어요? 그래서 제일 먼저 해야 할 것은 자기 돌봄입니다. 이를 위한 첫 번째 원칙은 내가 우선이에요. 이건 이기적인 게 아닙니다. 남을 제치고 나만 돌본다면 이기적이겠지만 나를 돌보는 것 자체는 굉장히 가치 있고 의미 있는 일입니다.

내가 나를 환대해야 하는 이유는 내가 나를 환대해야 비로소 타인도 환대할 수 있기 때문입니다. 나를 위해서, 나를 돌보고, 돌봄의 우선순위에 나 자신을 꼭 넣으시기 바랍니다.

세 번째는 힘든 일은 남에게, 도움을 청할 것. 무작정 남의 고통까지 무시하면서 일을 떠넘기자는 게 아닙니다. 대부분의 중년은 어깨가 무겁습니다. 나이 들수록 그 무게가 무거워지지 덜해지지는 않습니다. 그 무게를 좀 나누어보세요. 나눌 수 있는 건 다른 사람에게 맡기고 내가 꼭 해야 하는 것만 하자는 거예요. 또 좋아하는 것과 싫어하는 것을 구분해서 좋아하는 것만 하세요. 맛있는 것만 먹어도 인생 죽을 때까지 다 먹지도 못해요. 좋아하는 것을 알고 만끽하고자 애쓰기로 해요. 그리고 힘들다면 도움 청합시다.

요약해보겠습니다. 공허감을 해소하기 위해서는 첫 번째 감정 다루고요. 두 번째로는 자기 돌봄이 필요합니다. 장기간 동안 방치했던 정서들을 인정하고, "그래, 이건 내 감정이야"라고 받아들이는 것. 그리고 나를 우선으로 생각하고 굳이 내가 안 해도 되는 일은 다른 사람에게 부탁하는 것. 또 좋아하는 것과 싫어하는 것 분류해서 좋아하는 것을 해보는 것. 그리고 필요하다면 도움을 청하는 것.

중국의 극동지방에는 모소대나무가 있습니다. 이 모소대나무는 4년까지 많이 자라야 3cm인데, 5년째부터 하루에 30cm씩 큽니다. '나'라는 싹을 키워보는 경험도 마찬가지일지 모릅니다. 처음엔 3cm일지 몰라요. 그러나 일정 시간이 지나면 하루에 30cm의 성장을 시작하게 될 겁니다. 그게 중년의 공허한 벌판을 채워주는 가장 아름다운 행위가 되지 않을까요. 공허하다는 감정을 인정하고 이제 나를 돌아보기로 다짐해보세요.

불행이 닥쳤을 때 반응하는
4가지 유형과 대처 방법

　　대부분 불행은 일방적으로 쳐들어옵니다. 물론 잘
못된 습관이 불행으로 이어지는 경우도 있지만 말입니다. 어느
순간에 그야말로 불행은 내 삶에 어퍼컷을 날리거든요. 어퍼컷,
받아본 적 있으세요? 턱이 돌아갑니다. 목이 돌아가고 온몸이 돌
아갑니다. 인생과 관계도 돌아가고요. 심지어 내가 가지고 있던
희망도 돌아가는 거 같아요. 불행은 부지불식간에 오기 때문에
속수무책으로 당하는 느낌이 들 때도 있습니다. 이 불행이 쳐들
어올 때 우리는 어떻게 해야 할까요?

　　불행의 이유와 내용은 다양합니다. 불행을 가져오는 사람도,
불행의 물건도 다양합니다. 우리는 불행을 막아보려고 점이나
타로를 보러 가기도 하고, 기도나 불공을 드리거나, 아니면 불행
을 퇴치하는 부적을 가지고 다니는 사람도 있습니다. 대부분 불

안과 소망에 기반한 심리적인 장치입니다.

불행이 찾아올 때 몇 가지 반응들

사람들은 불행이 찾아오면 대개 몇 가지 형태로 반응을 합니다. 제일 많이 하는 반응은 '도망가기'입니다. 뭔가 힘든 일이 찾아오거나 고통스러운 일이 찾아오면 일명 '잠수'를 타지요. 도망가는 겁니다. 회피라고도 하죠. 이런 방식은 그 불행을 맞닥뜨리지 않아서 편하긴 한데 반드시 값을 치르게 됩니다. 그래서 인생이 다시 한번 고통스러워지지요.

두 번째는 원망입니다. 내 고통의 원인을 찾아내는 것이지요. 무엇 때문이야, 누구 때문이야. 이걸 심리학에서는 외부 귀인˙이라고 합니다. 내 탓보다는 남 탓이 덜 고통스럽고, 내가 책임지는 것보다는 남에게 덮어씌우는 것이 수월하니까요. 원인을 밖에서 찾는 것이지요. 그렇게 남 탓과 지나간 일의 탓을 하면서 잠시 나는 구원할 순 있어요. 하지만 이 방어막이 그렇게 두툼하지는 않습니다.

세 번째는 좌절이에요. 실망해서 완전히 쪼그러드는 그 느낌

˙ 귀인이란 자신이나 타인의 행동이 발생한 원인을 추론하는 것을 말한다. 내부 귀인은 행동의 원인을 개인의 성격, 동기, 태도 등에서 찾는 것이고, 외부 귀인은 그 원인을 사회 규범, 외부 환경, 우연한 기회 등에서 찾는 것이다.

을 경험하는 건데 이걸 심리학에서는 내부 귀인이라고 부릅니다. 그 원인이 나에게 있다고 판단하고 주저앉아 나를 비난하면서 괴롭히는 것. 그래서 좌절은 아프고 힘들고 처절합니다. 남에게 피해는 끼치지 않는다고 생각하기 때문에 스스로에게 원인을 돌리며 '다 내 탓이지, 내가 하는 게 다 그렇지 뭐' 이렇게 생각하는 경우가 많아서 때로는 안타깝기도 합니다. 사실 자기 탓이 아닌 경우도 많으니까요.

마지막 네 번째는 직면입니다. 직면은 말 그대로 맞닥뜨려 격돌하는 겁니다. 기꺼이 정면승부 하겠다는 마음입니다. 이 태도도 쉽지 않습니다. 정면으로 나의 못난 점 앞에 서야 하니 힘들고 아픕니다. 때로는 어퍼컷 주먹의 크기가 핵 주먹일 때도 있거든요. 그럴 때 우리는 더 멀리 나가떨어지니까요. 그러니 이 4가지 중 어떤 것도 만만한 것은 없습니다.

행운은 본말이고 불행은 줄임말입니다. 불행은 불행운의 줄임말이지요. 있는 것이라 판단할 수 있습니다. 그렇기에 불행이 오면 사람들은 도망가거나 원망하거나, 좌절하거나 직면을 하지요. 어떤 것도 쉽지는 않습니다. 그렇다면 이럴 때 그냥 당하고 있어야 할까요? 불행 속에서도 그나마 삶을 유지하게 도와줄 방법은 없을까요?

불행이 쳐들어올 때 꼭 해야 할 3가지

불행이 쳐들어오면 눈앞에 노랗거나 깜깜해집니다. 머리는 하얘지고 감정도 오로지 한 가지 감정에 빠져버리지요. 슬프거나 절망적이거나 죽고 싶거나 등등요. 이럴 때 먼저, 감정 대안이 필요합니다. 불행이 닥치면 먼저 당황스럽기도 하고 혼란스럽거나 슬프고, 고통스럽기도 합니다. 그럴 때 대부분의 사람이 감정을 그냥 뒤집어쓰고 혼란스러워하는 경우가 많습니다.

이럴 때는 몸부터 위로해야 합니다. 몸을 위하는 첫 번째 방법은 나를 위로하는 음식을 먹는 겁니다. '이거 먹으면 조금 편안해져. 이거 먹으면 조금 괜찮아지는 거 같아.' 저는 이런 음식을 '위로 음식'이라고 합니다. 위로 음식의 특징이 있습니다. 엄마가 해줬던 음식이라든지 마음을 차분하게 해주는 녹차라든지 등등 음식에 얽힌 나만의 기억이 있다는 거죠. 식당에 가서 나만의 위로 음식을 먹는 것도 괜찮고, 스스로 요리해서 먹는 건 더 좋습니다. 장을 봐서 요리를 하고 그 요리를 먹는 과정 자체가 나를 진정시키는 효과가 있거든요. 음식에 포함된 성분이 사람을 안정시키고, 요리하는 그 과정 자체가 나를 위로하니까요. 그래서 내가 가지고 있는 상황을 보다 편안하게 받아들이게끔 합니다. 그때 자극적인 음식보다는 편안한 음식이 불행에 잘 대처할 수 있도록 도와줍니다. 그러니 너무 자극적인 음식(예를 들어 술이나 매운 떡

볶이, 돈가스 등)보다는 부드럽고 편안한 음식을 권합니다.

두 번째는 규칙적인 일상입니다. 앞서 인생을 살아가는 꼭 필요한 3가지 물건을 이야기했었죠. 시계, 나침반, 지도입니다. 그중에서도 순서대로 고르라고 하면 저는 가장 먼저 시계를 고릅니다. 시계는 우리의 일상을 뜻하기 때문입니다.

힘든 상황이 생기면 일상을 놔버리는 사람이 있습니다. 불행이 들이닥치면 늘 하던 것도 하지 않거나 자고 일어나는 시간도 완전히 달라지는 거죠. 이런 사람들은 일상을 유지하는 게 다른 사람들보다 훨씬 힘이 들 겁니다. 오로지 힘든 상황에만 집중하게 되니까 말이지요. 다른 곳은 없고 오로지 지옥만 계속 있는 셈이죠. 힘든 일이 생길수록 이를 악물고 일상을 유지해야 합니다. 불행이 닥쳤다면 제일 먼저 지켜야 할 건 일상이에요. 여러분만의 시계, 그 인생 계획을 만드시고, 남들이 함부로 침범하지 못하게 지켜내길 바랍니다.

세 번째, '위로 장소'입니다. 감정의 장소도 필요하다는 겁니다. 힘들 때 가는 곳이 있으신가요? 저는 힘들 때마다 꼭 가는 장소가 있습니다. 1990년대 방배동의 카페 골목이 되게 유명했지요. 지금도 방배동에 가면 여전히 카페 골목이 있는데 골목 끝에 직접 빵을 만들어서 파는 빵집이 있어요. 밤 11시까지 영업하는데 제가 힘들거나 어렵거나 생각이 많아지면 무조건 그 빵집에 가서 와플을 시켜 먹습니다. 항상이요. 속상할 때면 그 빵집의 와플! 이렇게 반복하다 보면 나중에는 그 빵집만 생각해도 안정이 되더라고요. 마음 근육은 이렇게 단련하는 겁니다. 안정적인 몸의 습관에 혼란스러운 정신이 따라가도록, 습관의 힘을 기르는 과정이 마음 단련이라고 하는 것이지요.

그런데 말이죠, 그 빵집이 코로나 때 망했습니다. 그래서 새로운 장소를 마련했습니다. 제 연구실에서 한 10분 정도 걸어가면 있는 빵집인데요. 빵도 커피도 맛이 없어서 사람이 없어요. 그런데 왜 가냐고요? 제가 오렌지색을 좋아하는데 그 빵집의 한쪽 벽이 오렌지색이더라고요. 그 벽을 발견한 이후로, 힘들 때면 빵하고 커피 시켜 놓고 오렌지 벽을 보러 가곤 합니다. 생각만 해도 마음이 편안해져요. 그게 바로 감정 위로 공간입니다. 첫 번째 위로 음식, 두 번째 우리가 가지고 있던 일상 유지하는 것, 세 번째 위로 공간이에요.

마지막 네 번째, 힘들 때 나를 위한 기분 전환 속옷이 필요합니다. 마음조절 방법으로 우울하거나 슬프거나, 떨려서 안정이 필요한 날에 기분 전환 속옷을 입어보세요. 우울이 줄어들고, 슬픔이 잦아들면서 든든한 지원군을 얻은 듯 위로감과 힘을 느낄 수 있을 겁니다. 여러분들만의 행복 속옷, 기분 전환 속옷 하나 꼭 마련하셨으면 좋겠습니다. 아무도 몰라요. 나만 느끼는 행복이고, 항상성을 유지하기 위한 나만의 장치입니다. 배우자도 몰라도 됩니다. 나만 알면 돼요. 참고로 저도 있습니다. 무슨 색이냐고요? 비밀입니다!

주

1 양희·한정란, 〈노인의 주관적 연령 인식〉, 《노년교육연구》 제6권 제1호, 한국노년교육학회, 2020, 23~42.

2 오혜영, 〈생물학적 연령과 주관적 연령의 인지가소비가치와 소비자소외감 지각에 미치는 영향 연구〉, 《소비자학연구》 제26권 제5호, 한국소비자학회, 2015, 173~200.

3 한국은행 경제교육실 경제교육기획팀, 〈2020 전국민 금융이해력 조사〉 결과, 2021년 3월 29일 공보 2021-03-25호

4 미주신경과 행복감에 대한 연구는 김현정, 〈감정코칭의 효과에 대한 뇌과학적 이해〉, 서울교육대학교 교육전문대학원 석사학위논문, 2016.

5 Grace C., 이상균, 유조안, 〈청소년들은 어떤 날 더 행복한가?: 부모와의 친밀감이 일상의 행복감에 미치는 영향 및 가구소득과 학교 급에 따른 차이〉, 《한국가족관계학회지》 제20권 1호, 2015, 3-23.

6 김지원, 김동욱, 구교준, 〈가치관에 따른 소득 불평등과 행복 관계 분석〉, 《한국행정학보》 제56권 4호, 2022, 191-214.

7 김영이, 〈음악이 태아에게 미치는 영향〉, 경남대학교 교육대학원 석사학위논문, 2004.

8 황정은, 〈치매노인을 위한 음악치료 사례에 관한 질적 연구〉, 성결대학교 신학전문대학원 박사학위 논문, 2018.

9 김지연, 〈우울감을 호소하는 중년 여성의 게슈탈트 집단 음악치료 경험에 대한 현상학적 연구〉, 성신여자대학교 음악치료학과 석사학위 논문, 2020.

10 Jin Hyung Lee(2016). Erratum to "The Effects of Music on Pain: A Meta-Analysis", Journal of Music Therapy, 53(4), 430-477.

11 이경란·박지혜, 〈유머감각, 유머대처 및 내외통제성이 노인의 건강관련 삶의 질에 미치는 영향〉, 《한국콘텐츠학회논문지》 제14권 제12호, 한국콘텐츠학회, 2014, 243-253.

12 박성혜, 〈낙서화를 활용한 협동학습이 소통 능력에 미치는 영향 : 중학교 3학년
    을 대상으로〉, 부산대학교 교육대학원 석사학위논문, 2013.

13 바버라 스트로치 지음, 김미선 옮김, 『가장 뛰어난 중년의 뇌』, 해나무,
    2011.01.24

14 Erika Friedmann, Sue A. Thomas&Heesook Son, 〈Pets, Depression and Long-
    term Survival in Community Living Patients Following Myocardial Infarction〉,
    《Anthrozoös》 Volume 24, 2011, 273-285.

15 Friedmann, E., Thomas, S. A., & Son, H., for the HAT Investigators. (2011).
    Pets, depression and long-term survival in community living patients following
    myocardial infaction. Anthrozoös, 24, 273-285.

16 Friedmann, E., Katcher, A. H., Lynch, J., & Thomas, S. A. (1980). Animal
    companion and one- year survival of patients after discharge from a coronary
    care unit. Public Health Reports, 95, 307-312.

17 McNicholas, J., & Collis, G. M. (2000). Dogs as catalysts for social interactions :
    Robustness of the effect. British Journal of Psychology, 91, 61-70.

18 Wood, L. J., Giles-Corti, B., Bulsara, M. K., & Bosch, D. A. (2007). More than
    a furry companion : The ripple effect of companion animals on neighborhood
    interactions and sense of community. Society and Animal, 15, 43-56.

19 박영애, 〈반려동물 양육 여부에 따른 노인의 정신건강 차이에 관한 연구〉, 명지
    대학교 사회복지대학원 사회복지학과 석사학위논문, 2013.

20 〈2012-2021 스마트폰 사용률 & 브랜드, 스마트워치, 무선이어폰에 대한 조사〉,
    한국갤럽, 2021년 6월 8일.

21 Maggie Wooll, 〈'We are the champions' plus other qualities every good friend
    should have〉, BetterUp, May 16. 2022.

22 오세욱, 『유튜브 추천 알고리즘과 저널리즘』, 한국언론진흥재단, 2019.

23 데이비드 베인브리지 지음, 이은주 옮김, 『중년의 발견』, 청림출판, 2013.

24 바버라 스트로치 지음, 김미선 옮김, 『가장 뛰어난 중년의 뇌』, 해나무, 2011.

25 OECD, 〈Health at a Glance 2017: OECD Indicators〉, OECD Publishing,Paris

26 미하이, 『몰입의 즐거움』, 도서출판 해냄, 2012. 35.

27 그룹 자서전 쓰기 프로그램이 중년여성 우울증 치료에 미치는 영향. 가톨릭대학

교 교육대학원 석사학위논문.

28 Blalock, D. V., Young, K. C., & Kleiman, E. M(2015), Stability amidst turmoil: Grit buffers the effects of negative life events on suicidal ideation, Psychiatry Research, 228(3), 781-784.

29 변광호, 『E형 인간 성격의 재발견』, 불광출판사, 2017.

30 선우현정, 〈아동의 기질, 어머니의 양육행동 및 아동의 만족지연능력이 공격성에 미치는 영향〉, 이화여자대학교 대학원 석사학위 논문, 2009.

31 칼 필레머 지음, 김수미 옮김, 『이 모든 걸 처음부터 알았더라면』, 토네이도, 2015.

32 건강보험공단(2022). 최근 5년(2017-2021) 우울증과 불안장애 진료현황분석.

33 마르타 나라스카 지음, 김영선 옮김, 『나이 든다는 것』, 어크로스, 2020.

34 농민신문, 〈흡연·음주 절제 … 평균 9시간 수면〉, 2006.11.24.

35 〈건강 백세인, 8가지 장수 비결 … 8년 만에 조사〉, 헬스조선, 2022.01.13.

36 임인향, 〈조주선사의 선다일미사상〉, 동국대학교 석사학위논문, 2011.

37 폴 어빙 지음, 김선영 옮김, 《글로벌 고령화 위기인가 기회인가》, 아날로그, 2016.

38 이호선, 『나이 들수록 머리가 좋아지는 법』, 홍성사, 2021.

39 〈"잘 죽겠습니다" 인사 건네는 곳 … 영정사진도 화보처럼 찍는다〉, 중앙일보, 2022.12.27.

40 David C. MeClelland and Carol Kirshnit.(1988), 〈The effect of motivational arousal through films on salivary immunoglobulin〉 A. Psychology & Health, 2, 31-52.

41 Allan Luks (2001), 〈The Healing Power of Doing Good〉, New York: iUniverse. .

42 조지 베일런트 지음, 최원석 옮김, 『행복의 비밀』, 21세기북스, 2013.

나이 들수록 재미, 가족, 관계, 행복, 품격, 지식이 높아지는

오십의 기술

초판 1쇄 발행 2023년 4월 3일
초판 7쇄 발행 2025년 1월 31일

지은이 이호선
펴낸이 민혜영
펴낸곳 (주)카시오페아
주소 서울특별시 마포구 월드컵로14길 56, 3~5층
전화 02-303-5580 | **팩스** 02-2179-8768
홈페이지 www.cassiopeiabook.com | **전자우편** editor@cassiopeiabook.com
출판등록 2012년 12월 27일 제2014-000277호

ⓒ이호선, 2023
ISBN 979-11-6827-104-3 03190